INTRODUÇÃO AO LAZER

INTRODUÇÃO AO LAZER

2ª Edição revisada e atualizada

VICTOR ANDRADE DE MELO
Professor da Universidade Federal do Rio de Janeiro
EDMUNDO DE DRUMMOND ALVES JR.
Professor associado da Universidade Federal Fluminense

Copyright © Editora Manole Ltda., 2012, por meio de contrato com os autores.

Este livro contempla as regras do Acordo Ortográfico da Língua Portuguesa de 1990, que entrou em vigor no Brasil.

Projeto gráfico: Grupo de Criação S/C Ltda.
Diagramação: Depto. editorial da Editora Manole
Capa: Rubens Lima
Imagem da capa: Detalhe do quadro "Tarde de Domingo na Ilha de Grande Jatte", de Georges Seurat (www.visipix.com)

Dados Internacionais de Catalogação na Publicação (CIP)
(Câmara Brasileira do Livro, SP, Brasil)

Melo, Victor Andrade de
Introdução ao lazer/Victor Andrade de Melo, Edmundo de Drummond Alves Jr. – 2.ed. rev. e atual. – Barueri, SP: Manole, 2012.

Bibliografia
ISBN 978-85-204-3222-8

1. Formação profissional 2. Lazer 3. Recreação I. Alves Junior, Edmundo de Drummond. II. Título. III. Série.

12-02877	CDD–790.1

Índices para catálogo sistemático
1. Lazer e recreação: Formação profissional 790.1

Todos os direitos reservados.
Nenhuma parte deste livro poderá ser reproduzida,
por qualquer processo, sem a permissão expressa
dos editores. É proibida a reprodução por xerox.

A Editora Manole é filiada à ABDR – Associação Brasileira de Direitos Reprográficos.

1ª edição – 2003
2ª edição – 2012

Editora Manole Ltda.
Av. Ceci, 672 – Tamboré
06460-120 – Barueri – SP – Brasil
Tel.: (11) 4196-6000 – Fax (11) 4196-6021
www.manole.com.br
info@manole.com.br

Impresso no Brasil
Printed in Brazil

SUMÁRIO

Sobre os autores, VII
Introdução da primeira edição, IX
Introdução da segunda edição, XI

Capítulo 1
A emergência do lazer, 1

Capítulo 2
Lazer: conceitos, 25

Capítulo 3
Os interesses culturais, 39

Capítulo 4
A animação cultural, 51

Capítulo 5
O profissional de lazer, 73

Capítulo 6
Lazer: o campo acadêmico, 85

Bibliografia, 99
Índice remissivo, 103

SOBRE OS AUTORES

VICTOR ANDRADE DE MELO

Professor da Universidade Federal do Rio de Janeiro, onde atua no Programa de Pós-Graduação em História Comparada e na Faculdade de Educação. Coordenador do Sport – Laboratório de História do Esporte e do Lazer, e docente do Programa de Pós-Graduação em Lazer da Universidade Federal de Minas Gerais.

EDMUNDO DE DRUMMOND ALVES JUNIOR

Professor associado da Universidade Federal Fluminense, atua no programa de Mestrado Acadêmico em Ciências do Cuidado em Saúde e na licenciatura em Educação Física desta mesma universidade. Coordena os Grupos de Pesquisa Envelhecimento e Atividade Física e Esporte, Lazer e Natureza.

INTRODUÇÃO DA PRIMEIRA EDIÇÃO

Embora ainda em número restrito, já existem no Brasil bons livros sobre a temática lazer. Contudo, a nossa vivência cotidiana como professores responsáveis pela formação de profissionais de lazer (nos mais diferentes âmbitos, tais como cursos de graduação e de pós-graduação, congressos, entidades patronais e orientação para comunidades de baixa renda) demonstrou que carecemos de uma obra que abarque, de forma introdutória e atualizada, uma parte significativa da discussão sobre a temática.

Mas como selecionar os conteúdos mais importantes para um livro didático que se pretende introdutório? Nossa experiência profissional ofereceu a possibilidade de considerar o que é mais relevante para a discussão, tendo em vista as cargas horárias disponíveis, os limites materiais e as características específicas dos alunos.

Assim, este livro pretende ser um auxiliar na formação básica de profissionais de lazer (animadores culturais). Seu desafio é apresentar com clareza uma síntese dos conceitos que julgamos fundamentais para a compreensão das possibilidades e peculiaridades de intervenção desses profissionais. Não pretende, de forma alguma, substituir outras publicações, mas sim com elas dialogar, para estimular os leitores interessados a buscar o aprofundamento por certo necessário.

Escrito para os que se iniciam na temática e para interessados em geral, *Introdução ao Lazer* apresenta os conteúdos em linguagem clara e direta, buscando a simplicidade, mas não o simplismo. Faz uso das reflexões de uma série de autores, mas evita as citações literais, tendo em vista facilitar o fluxo da leitura. Os autores somente são citados quando um pensamento é completamente original e específico. Alguns conceitos aqui introduzidos são diálogos nossos com vários referenciais e contêm muito de nosso ponto de vista. As referências, que de algum modo nos inspiraram, encontram-se explicitadas no final do volume.

Além disso, preocupamo-nos em inserir uma bibliografia comentada, apresentando algumas das obras mais significativas sobre o assunto publicadas no país, também no intuito de estimular a expansão do conhecimento básico e sua comparação com outras formas de pensar.

Sem nenhuma pretensão de ser original, este livro se propõe a fazer um apanhado crítico das principais discussões a serem conhecidas por quem começa a se embrenhar pelos caminhos de temática tão fascinante quanto o lazer. Nem por isso nos privamos de explanar pontos de vista próprios, frutos de nossa reflexão e experiência, nos tópicos em que nos julgamos capazes de uma real contribuição. Vale lembrar que esta obra não tem o intuito de estabelecer verdades absolutas, tampouco de esgotar o assunto. É sim um recorte e um posicionamento teórico, devendo ser encarada dentro desses limites.

Esperamos sinceramente poder contribuir com o compromisso teórico para com a formação de um profissional de lazer mais competente e preparado. Agradecemos à Editora Manole pela confiança em nosso trabalho e a todos os amigos que, direta ou indiretamente, contribuíram com sugestões e críticas.

Boa leitura a todos.

Os autores

INTRODUÇÃO DA SEGUNDA EDIÇÃO

Depois de algumas reimpressões, *Introdução ao Lazer* chega à 2ª edição, revisada e atualizada. O sucesso do livro, não podemos esconder, nos surpreendeu: ele foi adotado em muitos cursos e disciplinas, foi indicado como bibliografia em concursos públicos e até mesmo referenciado em investigações, algo que sempre nos pareceu inusitado, dado o seu caráter introdutório. De alguma forma, assim queremos entender, isso demonstra que nossa primeira avaliação, aquela que motivou o seu lançamento, estava correta: a despeito de, na época, já existirem boas obras ligadas ao assunto, não havia uma que tentasse reunir, mesmo que de forma resumida, os principais temas necessários a uma formação básica e inicial do profissional. Agradecemos aos colegas e leitores que nos enviaram suas impressões, sugestões e críticas nesse período.

Quase dez anos depois, era mesmo chegada a hora de proceder algumas mudanças. Nesse tempo muita coisa se alterou na área de Estudos do Lazer no país, notadamente no âmbito da pesquisa: estudos cada vez mais refinados abordam o tema com qualidade e diversidade, muitos grupos desenvolvem seu trabalho com muita competência, o assunto é mais frequentemente abordado em dissertações de mestrado e teses de doutorado. Aliás, entre as celebradas novidades, temos a criação do primeiro curso de pós-graduação *stricto sensu* exclusivamente dedicado ao tema, na Universidade Federal de Minas Gerais (UFMG).

O intuito desta 2ª edição não é incorporar todas as contribuições originais que surgiram nestes últimos anos, até porque, como expressamos na Introdução da 1ª edição, este livro pretende ser um auxiliar na formação básica de profissionais de lazer (animadores culturais). Seu desafio é apresentar com clareza uma síntese dos conceitos que julgamos fundamentais para a compreensão das possibilidades e peculiaridades de intervenção desses profissionais. Não pretende, de forma alguma, substituir outras publicações, mas sim com elas dialogar, para estimular os leitores interessados a buscar o aprofundamento por certo necessário.

De qualquer forma, nesse espectro restrito, há novas reflexões que precisavam ser incorporadas, além da necessidade de procedermos uma grande revisão nos capítulos finais, que, em razão de suas características, são mesmo mais provisórios. Na verdade, decidimos retirar a sessão destinada a comentar algumas obras. Tal decisão tem a ver com o fato de que o número de livros dedicados ao tema é cada vez maior, bem como a publicação de resenhas em periódicos; isso tornaria rapidamente obsoletas as informações apresentadas. Em compensação, incluímos ao final de cada capítulo uma sugestão bibliográfica para os que desejam se aprofundar. Essa edição também incorpora adequações do ponto de vista conceitual e da narrativa, além de proceder uma revisão tendo em conta o novo acordo ortográfico.

Estamos seguros de que o leitor perceberá as diferenças, embora os princípios sejam os mesmos. Resta-nos esperar (e torcer) para que o livro continue tendo uma bela trajetória e que possa continuar contribuindo, ainda que de forma modesta, para a melhor estruturação dos estudos do Lazer no Brasil, cujo futuro parece alvissareiro a nossos olhos.

Obrigado pela companhia, boa leitura.

Os autores

CAPÍTULO 1

A EMERGÊNCIA DO LAZER

SURGE O LAZER...

Se nos dias de hoje perguntarmos a pessoas dos mais diferentes estratos sociais o que significa *lazer*, é bem provável que uma grande parte tenha alguma opinião sobre o assunto. A palavra e os diversos sentidos da prática (entre os quais a diversão, o prazer e o descanso) foram se incorporando e tornando-se cada vez mais presentes no cotidiano da população, um indício de uma tendência de sua valorização enquanto dimensão da vida em sociedade.

Em jornais e revistas, constantemente são publicadas discussões sobre o tema, não mais somente como algo "ingênuo", circunscrito aos cadernos de futilidades. O crescimento da chamada "indústria do lazer e entretenimento", umas das maiores promessas econômicas da transição dos séculos XX e XXI, o reconhecimento da importância das dimensões culturais como fatores de inclusão social e a compreensão da relação entre a diversão, a saúde e a qualidade de vida trouxeram o assunto para as páginas mais "sérias", por vezes rodeado de termos técnicos, números, cifras e expectativas utópicas.

Nem sempre foi assim. Algumas décadas atrás, a palavra lazer não fazia parte do discurso corrente, embora outras fossem usadas para expressar alguns de seus sentidos (como diversão e divertimento). Nas universidades e nos órgãos governamentais, o assunto ocupava um espaço marginal. O mercado ainda não estava plenamente atento ao potencial de negócios ao seu redor. Pouco se falava da formação de um profissional específico para atuar no campo.

O lazer emergiu, mas de onde? Desde quando? Façamos um breve passeio pela história para entender com maior clareza nosso estimado objeto de estudo.

... DE ONDE SURGE ?

Acompanhando a história, é possível perceber que, no âmbito de seus costumes, as sociedades constantemente organizaram diferentes formas de diversão, tão importantes em seu cotidiano quanto as alternativas de trabalho, religiosidade ou qualquer outra tarefa social. Isto é, não é possível separar as maneiras de jogar, brincar e distrair-se do conjunto geral das atividades humanas em determinado tempo e espaço.

Isso, contudo, não significa que sempre existiu o que, hoje, chamamos de lazer: as formas de diversão guardam especificidades condizentes com cada época. Por certo, existem similaridades com o que foi vivido em momentos anteriores — e mesmo por isso devemos conhecê-los —, mas o que hoje entendemos por lazer tem peculiaridades que somente podem ser compreendidas em sua existência concreta atual, tendo se delineado a partir de determinado momento da história, em função de um conjunto de mudanças. O fato de haver equivalências não significa que os fenômenos sejam os mesmos.

Podemos observar as diferenças até mesmo nas denominações. É somente a partir de certo instante que se começa a utilizar o termo lazer para definir um fenômeno social; antes, outras palavras denominavam outros fenômenos, similares, mas não iguais. Mais ainda, durante um bom tempo, o termo não designava exatamente o que hoje designa: se *leisure* parece ter sido utilizado a partir do século XV, na Inglaterra, é somente no século XVIII, nesse mesmo país, que adquire os sentidos e significados com os quais operamos hodiernamente.

Em nossa breve caminhada pelo passado, isso ficará mais claro.

O LAZER NASCE NA GRÉCIA?

Na Grécia Antiga, notadamente em seu período de maior florescimento cultural, valorizava-se, acima de tudo, a contemplação e o cultivo de valores elevados, como a verdade, a bondade, a beleza. Considerava-se que o trabalho cotidiano e seus desdobramentos atrapalhavam a plena vivência e o alcance desses intuitos, já que reduziam as oportunidades necessárias para a dedicação à sua busca. Esse princípio de vida, em que o tempo livre ganhava importância, não como momento de pura desocupação, mas como ocasião de crescimento espiritual, era denominado *skholé*.

Ora, mas, se era rejeitada a sujeição humana ao trabalho, quem faria as necessárias tarefas cotidianas? Enquanto a elite podia se dedicar a seu desenvolvimento espiritual, uma grande massa de escravos fazia o "trabalho sujo". Articulava-se um princípio que justificava mesmo a escravidão: somente o homem que possui tempo livre é livre, já que, para gozar de liberdade pessoal, um homem deve possuir tempo livre.

Assim, somente o tempo livre enquanto princípio de vida, contrário à sujeição ao trabalho, poderia permitir o completo alcance do desenvolvimento individual e social. Chama-se a atenção para o fato de que tal noção não significava uma vida ocupada por qualquer tipo de prazer, mas sim pelo cultivo da contemplação. Nem mesmo a participação política, tão valorizada pelos gregos, deveria atrapalhar tal perspectiva.

Nos dias de hoje, na compreensão geral de mundo, podemos perceber o contrário: uma supervalorização do trabalho; mesmo nas elites, muitos se orgulham ao afirmar que quase não têm tempo livre ou momentos de lazer. Nos estratos sociais economicamente privilegiados, não poucas vezes, os instantes de diversão chegam mesmo a se misturar com as tarefas laborais.

A vida contemplativa foi gradativamente substituída por uma preocupação com a atividade constante, uma compreensão de que é sempre necessário fazer algo, preencher o tempo, como se fosse um crime não fazer nada. Isso sem falar naqueles casos em que os indivíduos, mesmo dispondo de tempo livre e condições financeiras que possibilitariam uma vivência de lazer de maior qualidade, substituem a perspectiva de crescimento espiritual pela de consumo desenfreado, reificando o luxo, encarado como um indicador de *status* e distinção.

O LAZER TERIA SURGIDO EM ROMA?

A perspectiva de vida grega foi se diluindo com o decorrer do tempo. Com a anexação da Grécia à Roma, o modo helênico de vida sofreu grande modificação, mesmo porque eram os romanos um povo guerreiro, que não encarava o trabalho de forma negativa. O tempo de não trabalho passou a ser compreendido não como oportunidade de contemplação, mas de recuperação e preparação do corpo e do espírito para a atividade laboral. O conceito de *otium* (não trabalho) não se rivalizava com o de *nec-otium* (origem de nossa palavra negócio); eles se ajustavam, estabeleciam uma forte relação de complementação e dependência.

Em Roma, observa-se o desenvolvimento de iniciativas relacionadas à diversão popular, não se tratava mais de algo restrito às elites. Isso não significava que os estratos sociais compartilhassem exatamente as mesmas possibilidades de acesso aos divertimentos: somente aos privilegiados economicamente era possível a vivência de atividades em que a reflexão fosse elemento de destaque; aos mais populares eram oferecidas práticas mais fortuitas de distração, organizadas e/ou reguladas em grande parte pelo próprio Estado. Inaugurava-se o que chamamos de política do "pão e circo", com o intuito de controlar as massas.

Em Roma, portanto, percebemos outro uso instrumental do tempo de não trabalho, cujos sentidos e significados, ainda que com muitas mudanças, permanecem até os dias de hoje. O desenvolvimento e a manutenção de uma máquina poderosa de sonhos e excitação procura, de diferentes formas, entabular o controle, difundindo valores e comportamentos que interessam à manutenção da ordem. Se antes era o Coliseu, hoje são os estádios de futebol e a televisão. As atividades de contemplação continuam restritas às elites (ou a determinado estrato delas), que têm acesso mais amplo aos bens culturais produzidos.

Atenção, não sejamos lineares: esse processo de controle, embora muito forte, não é perfeito, ele deixa possibilidades de resistência e reelaboração. Da mesma forma, devemos tomar cuidado com préjuízos que estabelecem equivocadas hierarquias entre as atividades mais "intelectuais" (supostamente superiores) e as mais "físicas" (supostamente inferiores). Mais à frente, retomaremos tal questão, de fundamental importância para melhor compreendermos a atuação do profissional de lazer.

O LAZER APARECEU NA IDADE MÉDIA?

Nos tempos medievais, podemos observar mudanças nos sentidos e nos significados do aproveitamento do tempo de não trabalho. Para a população em geral, continua a ser um tempo de descanso e festa, mesmo que exíguo e bastante controlado, já que se estabelecem mais limites ao que pode ser vivenciado, com base em um rígido conceito de pecado instituído pela Igreja Católica. Para os nobres, o ócio passa a ser um tempo de exibição social e de exposição de gostos (e gastos) luxuosos. O trabalho era considerado uma obrigação para os menos abastados. Notadamente as tarefas "menos dignas" e mais comuns eram, portanto, responsabilidade dos servos e camponeses.

Nesse sentido, para alguns poucos, a vida era destinada a vivências não produtivas, uma forma de expressão de poder e riqueza. Destaca-se para esse estrato social a capacidade de consumir e saber consumir. Para os que trabalhavam, sequer havia uma rígida divisão social entre os tempos laborais e não laborais. Ou trabalhava-se seguindo os desígnios e desejos dos nobres (caso dos servos), ou seguia-se a dinâmica da natureza (caso dos que trabalhavam na agricultura) ou, então, desfrutava-se de certa flexibilidade (caso dos artesãos e pequenos comerciantes, estratos numericamente menores).

Com a ascensão do puritanismo e das ideias reformistas, promovidas com a fundação das primeiras religiões protestantes, a ideia de que o trabalho é uma dimensão *sine qua non* para a humanidade começa a ganhar força, até porque as novas formas de expressar a fé introduzem a mentalidade de que o acúmulo de riquezas é filosoficamente aceitável. O não trabalho deixa de ser encarado como apenas um vício e passa a ser considerado inimigo do trabalho. A diversão, por sua vez, passa a ser encarada como um dos maiores pecados: "O trabalho enobrece o homem, o ócio não".

As vivências dos populares tornam-se ainda mais controladas; o intuito é evitar que se dediquem a atividades indignas e/ou que estas signifiquem perda de tempo. Os divertimentos e os festejos, quando não reprimidos, são, no mínimo, modificados, a fim de se adequarem aos novos parâmetros socioculturais em construção.

Essas concepções serão fundamentais na consolidação do capitalismo e do novo modelo de produção que estava sendo gestado. Não por acaso, ainda são perceptíveis atualmente, quando temos de conviver com uma sociedade que enaltece o trabalho, minimiza o valor do não trabalho e busca controlar certos divertimentos populares, seja por sua repressão, pela imposição de valores que interessam prioritariamente à manutenção da ordem ou por sua apreensão em uma lógica crescentemente mercantil.

Trabalho e não trabalho são dimensões da vida que não podem ser compreendidas nem de forma hierarquizada (uma se sobrepujando à outra), nem de forma isolada (uma sem relação com a outra): ambas são igualmente importantes e, de forma equilibrada, constituem a possibilidade de satisfação e felicidade.

O LAZER NA MODERNIDADE

Um maior fluxo de comércio, a contestação do poder da igreja católica, a ascensão de um novo grupo social, a retomada e valorização de parâmetros de pensamento do período clássico (que reabilitam o exercício da racionalidade como dimensão fundamental para a vida em sociedade), entre outros aspectos, marcam a era moderna, cujos desdobramentos serão mais claramente perceptíveis no século XVIII.

No decorrer dessa centúria, articulado com uma série de mudanças sociais, políticas e culturais, com o advento da implantação do modelo de produção fabril, da organização do trabalho em fábricas, observa-se uma progressiva artificialização dos tempos sociais. Isto é, o cotidiano passa a ser demarcado pela jornada de trabalho, nessa fase inicial do capitalismo não só bastante longa (comumente de 12 a 16 horas diárias), como também indiscriminada no que se refere à faixa etária e ao sexo (homens ou mulheres, adultos, crianças ou idosos) e não regulamentada (não havia férias, aposentadoria, dia de folga remunerado etc.).

Todos passam a ter que seguir uma rotina rígida, com hora de entrada, almoço e saída. Os seres humanos começam a se submeter às imposições das máquinas. A popularização do relógio contribui para transferir para cada indivíduo a responsabilidade de (auto)controle do tempo.

Com isso, também se artificializou o tempo de não trabalho, e foi nesse processo típico da modernidade que surgiu o que hoje definimos como lazer. Vejamos então como esse fenômeno se estabeleceu e como se definiram seus sentidos e significados no âmbito das tensões surgidas entre as classes sociais em formação: os detentores dos meios de produção (a burguesia, que integrava as elites com a velha aristocracia, que teve de passar por mudanças em sua conformação) e aqueles que vendem sua força de trabalho (a classe operária, que emergia nesse processo histórico, e as camadas populares).

Não foi fácil e pacífico enquadrar as camadas populares no novo modelo de trabalho, que trouxe em seu bojo maior controle social e os muitos problemas advindos da exploração e das péssimas condições de vida dos trabalhadores, em virtude, inclusive, do inchaço das cidades, as quais, progressivamente, passaram a ser a sede das tensões sociais, local privilegiado e central da nova organização social.

Opondo-se a esse processo, os populares começaram a organizar-se e reivindicar direitos que poderiam, na ótica dos mais poderosos, colocar em risco o sistema que estava sendo construído, sobretudo por questionar a ideia de que era necessário a qualquer custo garantir o maior lucro possível. A autogestação da classe operária é um elemento fundamental na conformação das tensões que marcaram o novo modelo de sociedade.

Aliás, vale mencionar que os direitos das classes trabalhadoras foram obtidos graças às suas próprias reivindicações e lutas, não foram concessões dos donos dos meios de produção. A compreensão desse fato se faz necessária para encararmos com criticidade o atual momento socioeconômico, quando crescentemente se preconiza a redução ou eliminação de algumas dessas conquistas históricas (como férias, aposentadoria digna e direito a dias remunerados de folga), como se justamente os trabalhadores fossem os culpados pela desordem econômica.

Com o despertar da consciência das camadas populares, uma série de propostas e ações foi implementada tendo em vista a dissolução das suas formas de organização. Havia a necessidade concreta de reformular os contratos sociais, estabelecendo uma ordem interessante ao sistema. A disciplina necessária ao novo modelo de produção deveria ser aceita ou, ao menos, tolerada.

Nesse processo, o controle das diversões populares (tabernas, feiras, jogos etc.) passou a ser encarado como dimensão fundamental. As diversões eram entendidas como perigosas e perniciosas já que, além de se oporem à lógica de trabalho árduo, eram uma forma de manutenção de antigos estilos de vida, que tanto incomodavam os que preconizavam uma nova ordem. Sem falar que era nos momentos de lazer que os trabalhadores se reuniam, tomavam consciência de sua situação de opressão e entabulavam estratégias de luta e resistência. O tempo/mundo do trabalho oprime, mas, nos momentos de não trabalho, pode-se pensar melhor sobre como superar tal situação. As feiras e tabernas, por exemplo, eram focos de "subversão" e "desordem", por isso precisavam ser combatidas e controladas.

Não por acaso, uma das reivindicações sempre presentes nas lutas dos trabalhadores era a redução da jornada de trabalho, objetivando a ampliação das possibilidades de diversão e descanso, já diretamente afrontadas pelo aumento da miséria e pela redução dos espaços públicos, consequências do processo de industrialização e da urbanização crescente e desordenada. De fato, era estratégico para a classe dominante manter a pobreza dos trabalhadores, o que geraria uma necessidade constante de trabalho e manteria o exército de mão de obra de reserva sempre disponível. Observamos que um excedente de desempregados foi gerado com a própria adoção de máquinas cada vez mais eficientes, que precisavam de menor número de humanos para sua operação.

O processo de controle do tempo de não trabalho foi entabulado com a articulação entre o poder judiciário, as forças policiais e a influência religiosa: leis restritivas, aprovadas pelo primeiro, eram observadas por um sistema policial a serviço da "ordem" e reiteradas pela intervenção da religião, que começava a se inserir nos meios populares a título de oferecer ajuda material e espiritual à difícil situação de pobreza.

Tomando a noção de pecado como arma e suposta causa fundamental da miséria, cuja ocorrência seria, portanto, uma responsabilidade dos indivíduos, e não um desdobramento de um modelo de sociedade injusto, distribuindo migalhas para buscar uma gratidão complacente, as instituições cristãs europeias, que já vinham defendendo o trabalho como única dimensão de dignidade humana, contribuíram para levar a coerção, o controle e a disciplina fabril para o interior de cada indivíduo. Por isso, propunham a substituição das práticas pecaminosas pela oração, pela tarefa de aprendizado da religião (campo em que se destacam as escolas religiosas dominicais) e pela recreação produtiva.

Outra iniciativa foi a reorientação descaracterizadora das atividades populares originais. Ou seja, interferia-se nos sentidos e significados de suas práticas tradicionais, substituídas por uma possibilidade controlada de divertimento. Nesse contexto, por exemplo, touradas e brigas de galo, entre outras formas tradicionais de diversão, foram perseguidas em muitos países, consideradas costumes bárbaros e atrasados.

Em substituição àquelas barbaridades, ofereciam-se práticas civilizadas, como o esporte, em seu formato moderno, intentando limitar os populares à condição de espectadores dos espetáculos. O novo padrão de divertimento induzia ainda à identificação pública dos mais poderosos (desfilando suas roupas nos melhores lugares das novas instalações de lazer) ao mesmo tempo que buscava eliminar qualquer protagonismo dos menos ricos, que se viam expropriados da possibilidade de ter maior influência direta na organização e no direcionamento das novas atividades.

As elites procuravam, assim, ganhar de duas formas: com o controle e desarticulação da população e com os lucros advindos da estrutura comercial que, crescentemente, cercava as diversões. Espetáculo e consumo se tornariam dimensões de grande importância na configuração do ideário e imaginário da modernidade.

Certamente essas iniciativas de controle alcançaram parte significativa dos seus intuitos, mas devemos reconhecer que tal processo não logrou sucesso total e deixou brechas para que emergissem iniciativas populares de resistência e subversão. A própria manutenção das maneiras tradicionais de diversão foi uma estratégia: embora os populares frequentassem os espaços de lazer constituídos pela elite, não abandonavam totalmente suas práticas já existentes. Além disso, logo empreenderam tentativas de organização de grupos próprios, seguindo a lógica dos novos espetáculos; ou melhor, interpretando-a de acordo com seus interesses. Não foi incomum a criação de clubes esportivos de trabalhadores, de bandas de música de operários e de grupos festivos das camadas populares, entre outros.

A forte resistência popular acabou influenciando os projetos de controle das camadas mais poderosas: se os projetos originais não obtinham sucesso completo, era necessário reorientá-los. Esse processo de articulação e rearticulação produz uma dinâmica de interinfluências de circularidade cultural: se os dominantes influenciam nos parâmetros de vida dos dominados, os últimos também influenciam nos parâmetros e projetos dos primeiros.

Enfim, não é possível pensar a configuração do fenômeno moderno lazer como algo pacífico, inocente, ingênuo ou dissociado de outros momentos da vida: as práticas de diversão nessa nova conformação são marcadas pelas tensões entre as classes sociais e pela ocorrência contínua e complexa de controle/resistência, adequação/subversão. Estamos falando de um conjunto de situações desenvolvidas no grande palco de lutas das organizações sociais.

Devemos estar atentos para compreender a articulação entre política, economia e cultura nas questões relacionadas ao tema, o que não significa submetê-lo a nenhum desses ordenamentos: existe uma especificidade do fenômeno lazer que deve ser compreendida até para melhor balizar nossas propostas de intervenção.

Os momentos de lazer não são somente mecanicamente determinados pelas condições econômicas, mas não se pode deixar de perceber tais influências. Não são somente instantes de fuga da realidade, embora também o possam ser. Não são somente momentos de resistência, embora também o sejam. Trata-se de um fenômeno social múltiplo e polissêmico, cabendo ao profissional que pretende atuar nesse campo ter clareza de sua complexidade e da importância de sua intervenção nesse cenário.

CONFIGURAÇÕES

O fato de o lazer ter se configurado como fenômeno social de importância, no decorrer dos séculos XIX e XX, ajuda a entender porque também se organizou ao seu redor um campo acadêmico, um campo de formação profissional e um campo econômico.

Muitos foram os estudiosos que, de forma direta ou indireta, por motivos diversos, dedicaram atenção ao tema, entre os quais podemos citar Bertrand Russell, Thorstein Veblen, Georges Friedmann e Herbert Marcuse. O objetivo deste livro não é abordar com profundidade o pensamento desses teóricos, mas chamar a atenção para suas contribuições; sugerimos ao leitor mais interessado que busque mais informações sobre os diversos olhares possíveis.

Um interessante panorama das reflexões teóricas sobre o lazer pode ser encontrado na obra de Frederic Munné (1980), que classifica os diversos pontos de vista em duas grandes linhas, no que se refere a suas concepções centrais e visão de mundo: uma compreensão burguesa e outra marxista. O reconhecimento dessas diferenças ajuda a perceber os aspectos contraditórios que cercam o entendimento do fenômeno e a estabelecer uma crítica acerca de sua concretude, parâmetros fundamentais para a melhor articulação de objetivos e estratégias de atuação.

A concepção burguesa deve ser compreendida a partir de uma ambivalência histórica. A mesma burguesia que, nos primórdios do sistema capitalista, lutava contra as reivindicações operárias por mais tempo livre e combatia as diversões populares (considerando-as um risco para a produção, até mesmo por ser foco de subversão), ao ter que ceder às pressões da classe trabalhadora organizada, passa a entender e operar o espaço do lazer de acordo com seus interesses e intuitos, seja para incrementar direta ou indiretamente os negócios — pelo estímulo ao consumo e pela crença de que pode ser útil à restauração das forças de trabalho —, seja por propagar valores úteis à manutenção da ordem. Será, dessa forma, construída uma compreensão funcionalista de lazer: ele deve servir para minimizar os problemas ocasionados pela lógica fabril, ajudando a conservar a estrutura.

Embora o quadro teórico seja bastante diversificado, pode-se dizer que, na concepção burguesa, o lazer é visto como uma expressão exclusiva de uma necessidade individual e subjetiva, nunca coletiva; uma vivência destacada do conjunto das outras relações da vida, antagônica ao trabalho; a responsável por recuperar a força necessária para a produção e por compensar a felicidade não conseguida nas atividades laborais.

Dentro dessa concepção, há alguns autores que procuram apresentar, mesmo que timidamente, algumas contradições e consequências negativas dessas compreensões de lazer, sem, no entanto, conseguir abandonar os pressupostos de uma visão de mundo conservadora. As críticas realmente contundentes partem de estudiosos que apresentam uma concepção marxista de lazer/tempo livre.

As análises dessa concepção mostram-se mais homogêneas, embora existam diferenças significativas entre as diversas correntes de pensamento no âmbito do marxismo. O eixo central em comum é a compreensão de que o lazer/tempo livre na sociedade capitalista é marcado por um caráter alienado e patológico, destinado a mascarar as contradições e a contribuir para a perpetuação do sistema. Alguns vão encarar tal ocorrência como algo bastante forte e linear, enquanto outros estarão mais atentos a possíveis estratégias de resistência e subversão entabuladas.

De qualquer forma, a principal contribuição dos marxistas — que também, é bem verdade, disseminaram alguns equívocos — é o entendimento de que os momentos não laborais não podem ser isolados dos outros instantes da vida, inclusive do trabalho; não podem ser encarados de forma abstrata como estrutura completamente autônoma. Também não podem ser considerados como uma forma de oposição ao trabalho, tampouco como uma compensação, sendo estes únicos responsáveis pela felicidade humana inalcançável em outros âmbitos. A visão marxista percebe que os momentos de lazer não são manifestações somente individuais, mas também de construção coletiva.

Enfim, o lazer/tempo livre deveria ser autenticamente livre, síntese dialética de trabalho e não trabalho, e não uma contribuição à perpetuação do trabalho alienado. Deveria ser um fenômeno transformador do homem e da sociedade como um todo.

Na verdade, as concepções sobre o lazer na sociedade contemporânea de forma alguma podem ser deslocadas da configuração de uma indústria do entretenimento, que dá seus primeiros passos no século XVIII, e vai tomar impulso notável no decorrer do século xx, destacadamente a partir do aperfeiçoamento dos meios de comunicação.

Os grandes espetáculos de teatro, cinema, possibilidade de registros sonoros (continuamente aperfeiçoados, desde as velhas "bolachas de cera" até os CDs), rádio (que permite a difusão de músicas e informações para grupos maiores), televisão (uma das mais influentes mídias do mundo moderno), videocassete e aparelho de DVD (que permite levar filmes para dentro de cada residência), popularização do computador como forma de entretenimento, crescimento do hábito de viajar e do turismo, tudo isso vai se organizando e transformando-se em uma grande e influente máquina internacional de comércio, da qual se destacam, pelo pioneirismo, profissionalismo e poder, as organizações norte-americanas.

Claro que esse arsenal não é uma máquina ingênua, simplesmente destinada à diversão; por trás dela encontra-se a potencialização dos velhos mecanismos de obtenção de lucros diretos e indiretos já implementados pelas classes dominantes na origem do capitalismo.

14 • INTRODUÇÃO AO LAZER

É comum encontrar, atrelada a tais produtos, a difusão de um sentido de lazer associado à fuga: não pensar em nada, desligar a mente. Contra tais compreensões simplistas, pretendemos nos posicionar no decorrer deste livro.

O TRAJETO BRASILEIRO DO LAZER

No quartel final do século XIX, conforme o Brasil procurava se sintonizar com as novidades do progresso mundial, uma indústria do entretenimento dava seus primeiros passos no país, especialmente com a melhor organização e aumento da popularidade de espetáculos públicos, como o teatro e as competições esportivas. O próprio contexto de modernização da sociedade brasileira contribuiu para tornar importantes os momentos de vida festiva às cidades em crescimento. Podemos identificar uma busca paulatina por espaços públicos e uma organização progressiva do mercado de diversões.

Nesse momento, também surgem as primeiras organizações de trabalhadores, que já então defendiam a redução da jornada de trabalho. Desde as primeiras greves, lutava-se por maior tempo livre e pela regulamentação laboral, a exemplo do que ocorrera e ocorria na Europa. O contexto de industrialização crescente, que no cenário nacional só vai melhor se delinear a partir da década de 1940, vai inserindo nosso país em movimento semelhante ao que ocorria internacionalmente.

Mas como e quando a discussão sobre o lazer, compreendido como campo acadêmico e de intervenção, chega ao Brasil? Influenciados a princípio pela experiência norte-americana, alguns profissionais e estudiosos começam a demonstrar mais preocupações com os espaços urbanos de lazer, alguns desses chegando a entabular iniciativas mais concretas: projetos de intervenção que merecem destaque por seu pioneirismo, como os casos observados nas cidades de Porto Alegre (liderados por Frederico Gaelzer), São Paulo (estimulados por Nicanor Miranda), e, um pouco depois, Rio de Janeiro (com o Serviço de Recreação Operária).

As primeiras praças de esporte e centros de recreio surgiram na transição das décadas de 1920 e 1930. Naquele momento, as atividades recreativas eram entendidas como forma de manutenção da saúde e recuperação da força de trabalho, dimensões importantes para um país que se industrializava e sentia os impactos desse processo, sobretudo na organização das cidades que cresciam muito e rapidamente. Não por acaso, houve uma ligação direta com as atividades físicas, consideradas as mais adequadas para tais intuitos.

Assim, estabeleceu-se uma forte relação com o professor de educação física, encarado como o mais adequado para atuar no campo da recreação que se estruturava. Durante muitos anos, foi esse o profissional mais atuante na área do lazer, uma dimensão ainda hoje facilmente identificável; é inclusive constante a existência de disciplinas ligadas ao tema em praticamente todos os cursos de graduação da área, só comparável à presença em formações de turismo.

Vale a pena destacar que, naquele momento inicial, passamos a conviver com duas nomenclaturas: recreação e lazer. Essa dupla denominação persiste até hoje entre nós, em geral sendo o primeiro termo empregado para designar o conjunto de atividades e o segundo para abordar o fenômeno social. Alguns autores chegam mesmo a identificar diferenças ou peculiaridades mais amplas entre os termos.

Temos nos colocado contra tal compreensão. Defendemos que a existência dos termos recreação e lazer, na verdade, esconde uma falsa dicotomia, já que foram originalmente usados com sentido aproximado, sendo mais propriamente resultado de traduções de textos de origem diferenciada (os termos *recreation* e *leisure*). Durante muitos anos, recreação foi a denominação mais usada e consagrada; a partir dos anos 1980, percebe-se o crescimento do uso do conceito de lazer e o abandono do anterior em muitos espaços, sem que procedêssemos mesmo uma discussão mais profunda sobre ele.

Na verdade, o problema é que, no decorrer da história, foi se consolidando um uso muito restrito do termo recreação, normalmente utilizado para definir um conjunto de atividades, jogos e brincadeiras. Surgiram até mesmo termos conceitualmente polêmicos, como recreação escolar. Vejamos que atividades como jogos e brincadeiras ganham sentidos diferenciados conforme o contexto em que se apresentam. Podem ser inseridos em programas de lazer, mas podem ser também ser utilizados em espaços de trabalho, como estratégias gerenciais, por exemplo. As disciplinas escolares, lembremos, se não podem ser *stricto sensu* encaradas como trabalho, também não devem ser tidas como lazer.

Em outras palavras, a atuação por meio de jogos e brincadeiras, quando implementadas na escola, no âmbito das disciplinas, será melhor iluminada pelos referenciais advindos das teorias escolares, enquanto, quando empregada no âmbito do tempo livre, será mais bem compreendida pelas teorias do lazer. São posturas distintas, ainda que existam pontos de confluência entre os dois conjuntos de teorias, já que acreditamos que o profissional de lazer deve promover uma intervenção pedagógica. Tais relações ficarão mais claras nas páginas em que abordamos especificamente a questão da atuação.

Assim, sem abandonarmos o conceito de recreação (que, como dissemos, merece ser, contudo, melhor discutido), defendemos que o conceito de lazer seja o mais adequado para expressar um espaço específico de intervenção, com lógica e especificidade próprias.

Devemos ressaltar que o domínio de um rol de jogos e brincadeiras não é suficiente para uma boa atuação profissional, ainda que obviamente não sejam ferramentas dispensáveis. Lamentavelmente, ainda grassa pelo país uma série de cursos e livros que se restringem a apresentar um conjunto de atividades sem que a discussão sobre as múltiplas dimensões que cercam sua aplicação seja aprofundada.

Voltemos aos pioneiros projetos de lazer do Brasil. Os autores pioneiros das reflexões compreendiam as atividades como uma boa solução para minimizar os problemas desencadeados pela modernidade – possibilitando intervenções nas áreas de saúde e higiene –, dos indivíduos e das cidades. Eram críticos em relação às mazelas sociais, mas não em relação às injustiças sociais que as ocasionavam, acreditando que bastava a administração de um remédio eficaz para atacar os sintomas: as atividades recreativas. Uma visão, enfim, funcionalista, de adequação, no máximo de reforma, e não de superação efetiva do problema.

Outro campo de intervenção trouxe à tona as preocupações com as atividades recreativas — o primeiro segmento escolar, aquele que abarca as crianças por ocasião de sua entrada na vida escolar —, mais uma vez estabelecendo-se uma forte ligação com a educação física.

As atividades recreativas foram apresentadas, de forma enfática, como as mais adequadas para atuar na educação física das crianças das séries iniciais, uma preocupação que já existia nas Escolas Normais desde o século xix. Vemos que, mais uma vez, a referência eram os jogos e as brincadeiras, confundidos com os mesmos implementados em parques e praças. Uma vez mais, chamamos a atenção: estamos falando de dois campos diferenciados, sendo um equívoco considerá-los em conjunto, ignorando suas peculiaridades. Escola e parques/praças são dois importantes espaços, mas devemos aprender a diferenciar a atuação profissional em cada um deles.

Com as preocupações relativas à recreação em pleno desenvolvimento, começaram a surgir disciplinas específicas nos cursos de graduação em Educação Física e a serem publicados os primeiros livros ligados ao assunto, tentativas pioneiras de teorização. Nas décadas de 1940 e 1950, ambos, não poucas vezes, eram, em geral, apanhados de jogos ou tentativas de teorização a partir de diálogos com a psicologia. Surgiram também os primeiros cursos de aprofundamento e extensão, o que demonstra que aumentaram as preocupações com a atuação profissional.

Nesse percurso, podemos identificar problemas que, de algum modo, persistem até os dias de hoje:

- A compreensão das atividades de lazer como remédio contra os problemas da sociedade moderna.
- Em virtude do contexto social e da formação de origem de grande parte dos profissionais, uma valorização excessiva das atividades físicas, quando o campo do lazer é mais amplo, como veremos a seguir.

- A não consideração das diferenças entre atividades aplicadas na escola e fora dela, notadamente desde a adoção da noção de recreação.
- Maior valorização do repertório em detrimento da compreensão dos referenciais teóricos importantes para uma boa atuação no campo.

CHEGANDO AOS DIAS DE HOJE

A partir do final da década de 1960 e no decorrer dos anos 1970, as discussões relacionadas ao lazer ampliam-se e tornam-se mais frequentes, tanto nas instituições acadêmicas quanto no âmbito das organizações governamentais. O assunto começa a ser considerado um fenômeno social de grande importância e um direito social como qualquer outro.

No espaço das universidades, organizam-se grupos de pesquisa, realizam-se eventos científicos, escrevem-se artigos e livros sobre o tema, no interior de diferentes áreas de conhecimento, entre as quais se destacam as iniciativas das Ciências Sociais, da Psicologia, da Comunicação Social e, principalmente, da Educação Física e do Turismo. Em comum entre essas diferentes reflexões, deve-se ressaltar a compreensão da característica multidisciplinar da temática. Além disso, deve-se destacar a tendência de tratar o assunto de forma mais crítica.

Nos órgãos de governo, vemos surgir iniciativas de elaboração mais estruturada de políticas públicas, mesmo que, em muitos casos, ainda tímidas e perpetuando determinadas imprecisões conceituais, como sua dissociação do fórum da cultura e sua ligação direta e linear ao esporte. É também notável o fato de as secretarias ligadas ao assunto normalmente receberem verbas menores, como se ainda persistisse uma rígida hierarquia entre as necessidades humanas. Tanto em governos conservadores quanto em progressistas vemos grassar tais equívocos, ainda que, no campo da esquerda, encontremos maiores avanços e perspectivas mais alvissareiras de intervenção.

Nos anos 1990, percebe-se também, no Brasil, um novo delineamento e uma nova estruturação da indústria do entretenimento, em consonância com o que se passava no cenário internacional. Podemos identificar o crescimento das preocupações com o turismo, a consolidação do esporte como poderoso produto de negócios, o fortalecimento do mercado ligado às diversas manifestações artísticas, o aumento do poderio dos meios de comunicação e o rápido, embora desordenado, crescimento do número de parques temáticos e *shopping centers*.

Vale destacar que, no plano mundial, tal indústria tem sido apontada, por vezes até de forma extremamente otimista, como uma das mais poderosas desse século. Estudos mostram que, no mundo, 1 em cada 16 pessoas trabalha em atividades associadas ao lazer e ao entretenimento, em um mercado que gera cerca de 212 milhões de empregos.

Verificamos que também cresceu a profissionalização da administração e organização dos ramos do esporte, museus, cinemas, teatros e outras manifestações artísticas. É importante destacar que o país já é reconhecido como parte do grande mercado internacional de cultura, tendo chamado a atenção de conglomerados multinacionais, que paulatinamente têm se instalado no país. Além disso, recebe com mais frequência grandes eventos, entre os quais, os esportivos.

Estima-se que a indústria cultural brasileira tenha movimentado, somente no ano de 1998, aproximadamente R$ 6,5 bilhões (cerca de 1% do Produto Interno Bruto – PIB) e que, em 2000, mais de 2.500 empresas tenham investido em cultura. Somente no estado do Rio de Janeiro, o setor movimentou 3,8% do PIB, tendo mobilizado, em 1999, R$ 5,1 bilhões e recolhido mais Imposto sobre Operações relativas à Circulação de Mercadorias e Prestação de Serviços de Transporte Interestadual e Intermunicipal e de Comunicação (ICMS) do que indústrias tradicionais como a química e a alimentícia. Não é de surpreender, então, o resultado de uma consulta da Target Pesquisas, indicando que, entre 1983 e 1997, praticamente dobrou, em todas as classes sociais (A, B, C e D), a fatia do orçamento familiar destinada a consumo de produtos de lazer e entretenimento.

Vale destacar que, nesse cenário, houve uma ampliação das oportunidades de trabalho para o profissional de lazer. Além do aumento do número de postos que já existiam (por exemplo, em colônias de férias e hotéis), surgiram novas atividades, a saber: condomínios, casas de festas infantis, cruzeiros marítimos, além dos chamados projetos sociais, que grassaram pelo país, apresentados como alternativa para reduzir a diferença social, especialmente tendo como públicos-alvo prioritários crianças, jovens e idosos. De qualquer forma, seguem os problemas laborais: má remuneração, muita improvisação, desvalorização profissional, falta de exigência e investimento em uma formação de melhor qualidade, não regulamentação da jornada.

A década de 1990 trouxe ainda, para o cenário nacional, uma nova variável e um novo desafio: a falta de trabalho. O desemprego não é observável somente nos países de capitalismo periférico, embora o impacto seja significativamente maior neles. As mudanças observáveis nas condições laborais e o aumento do desemprego exercem influência direta e não podem ser ignoradas no estudo do lazer.

Com o rompimento do equilíbrio entre a oferta e a procura de emprego, duas parecem ser as principais linhas de solução que têm sido apresentadas. A primeira seria a redução dos encargos sociais e o estímulo a certas iniciativas empresariais, como a construção civil e as pequenas empresas. Ações nesse sentido são, sem dúvida, necessárias, mas, da forma como têm sido encaminhadas no Brasil, não poucas vezes têm colocado em risco as históricas conquistas da classe trabalhadora. Além do mais, se não forem acompanhadas por outras iniciativas, essas ações terão uma validade questionável e temporária, por não serem capazes de, estruturalmente, resolver o problema.

A segunda solução, com propostas diversificadas de operacionalização, está ligada à redução da jornada de trabalho. A ideia é simples na concepção, mas difícil na execução. De qualquer modo, em muitos países temos observado a implementação de iniciativas nesse sentido. No Brasil, algumas experiências foram desenvolvidas, sem conseguirmos ainda generalizar essa alternativa.

Na verdade, dados do Instituto Brasileiro de Geografia e Estatísitica (IBGE) indicam que, nos últimos anos, cresceu significativamente o número de horas mensais trabalhadas no Brasil. Além disso, o número cada vez maior de problemas observados nas metrópoles, e mesmo em algumas cidades de médio porte, entre os quais podemos destacar o tempo gasto no deslocamento diário, a especulação imobiliária e o aumento da violência, bem como o crescimento das exigências do mercado de trabalho, têm sido fatores que impactam a plena vivência dos momentos de lazer.

Devemos também estar atentos aos supostos benefícios que têm sido apontados com o crescimento do trabalho doméstico, possibilitado pela rápida informatização e pelo uso da internet. Nem sempre quem ganha com essa dinâmica laboral é o trabalhador, já que, em geral, o que se observa é o aumento disfarçado da jornada, o que reduz significativamente suas possibilidades de lazer.

Por fim, devemos lembrar que ser um *workaholic* (indivíduo que se orgulha de trabalhar muito) continua a ser valorizado em muitos fóruns. Mesmo para aqueles que não aderem a essa perspectiva de trabalho extenuante, a existência de uma enorme massa de desempregados soa como um risco constante, induzindo que o trabalho em excesso seja assumido enquanto parâmetro para a manutenção do emprego.

Enfim, se, no contexto atual, os direitos trabalhistas e o emprego estão em risco, sem dúvida o risco se prolonga para o lazer dos indivíduos, embora a máquina de vender sonhos — a indústria do entretenimento — esteja cada vez mais organizada e atuante.

RESUMO DA HISTÓRIA

Alguns parâmetros de definição devem ser considerados por aqueles que desejam melhor compreender o campo:

- O lazer deve ser encarado como fenômeno social moderno, configurado no quadro das tensões entre as classes sociais; constitui-se como um direito social e um motivo de intervenção de políticas públicas; mesmo sendo uma preocupação recente e ainda alvo de atenção secundária, há uma clara tendência de crescimento de ações governamentais ao seu redor.

- Há ao redor do lazer configurado um campo acadêmico, inserido em uma longa tradição de estudos e pesquisas, embora ainda careça de completo reconhecimento no âmbito das universidades; a temática se caracteriza pelo caráter multidisciplinar.
- O lazer se configura como um campo de negócios relativamente recente, mas fértil e promissor; é um mercado ainda não definido por completo e com grandes lacunas a serem preenchidas.

Com tantas variáveis e polêmicas e tamanha presença social, parece claro que, mais do que nunca, é imprescindível estarmos atentos às questões relacionadas ao lazer, garantindo a continuidade das discussões, refletindo sobre as possibilidades de intervenção nesse âmbito e tentando estimular a conscientização por parte da população e dos poderes públicos constituídos.

Um último debate parece ser necessário. Se a emergência do lazer é uma ocorrência histórica, como vimos, é configurada a partir de uma série de mudanças, entre as quais uma nova dinâmica econômica, a conformação da indústria como principal lugar de trabalho – o que levou a uma artificialização dos tempos sociais –, pode ser que estejamos em pleno período de mudança conceitual, algo que somente teremos mais clareza no futuro.

Devemos lembrar que o modo de produção fabril tem sido paulatinamente substituído, passando a conviver com outros modelos laborais, muitos dos quais já não têm tão claras as rígidas separações entre trabalho e não trabalho. Pode ser que isso tenha impacto na gestação de uma nova dinâmica da diversão, da mesma forma que houve no século XVIII. Não podemos prever os desdobramentos disso e ainda podemos considerar o atual conceito de lazer como válido. Mas vale a pena estar atento para o que está por vir.

Para saber mais

⇧ Para uma discussão mais aprofundada sobre as dinâmicas de diversão em períodos anteriores ao século XVIII, consultar os artigos de Fábio

Lessa, Regina Bustamante, Norma Mendes, Leila Rodrigues, Andréia Frazão e Álvaro Bragança, disponíveis no livro organizado por Victor Andrade de Melo, *Lazer: olhares multidisciplinares* (Alínea, 2010).

⇪ Esse mesmo livro é útil para saber um pouco mais sobre a contribuição de diferentes áreas de conhecimento ao estudo do lazer. Para um olhar sobre a contribuição de importantes autores das ciências sociais, consultar o livro organizado por Heloísa Bruhns, *Lazer e ciências sociais: diálogos pertinentes* (Chronos, 2002).

⇪ Para uma discussão sobre a configuração do fenômeno lazer nos séculos XVIII e XIX, consultar *Esporte e lazer: conceitos*, de Victor Andrade de Melo (Apicuri/Faperj, 2010).

⇪ Uma abordagem histórica transversal, centrada no continente europeu, pode ser encontrada em *História dos tempos livres*, organizado por Alain Corbin (Teorema, 2001).

⇪ Uma boa discussão sobre a importância das dimensões consumo e espetáculo na conformação do ideário e imaginário da modernidade pode ser encontrada em *A sociedade do espetáculo*, de Guy Debord, disponível gratuitamente na internet.

⇪ Para entender como diversas manifestações culturais se articularam na conformação de um mercado de entretenimento no país, consultar *Vida divertida: histórias do lazer,* organizado por Andrea Marzano e Victor Andrade de Melo (Apicuri, 2010).

⇪ Duas teses de doutorado ajudam a entender melhor importantes projetos pioneiros de lazer no país, a de Christianne Gomes, *Significados da recreação e lazer no Brasil: reflexões a partir da análise de experiências institucionais*, e a de Ângela Bretas, *Nem só de pão vive o homem* (Apicuri, 2010).

CAPÍTULO 2

LAZER:
CONCEITOS

VAI COMEÇAR A BRINCADEIRA!

Como vimos no capítulo anterior, em diferentes momentos da história configurou-se um significado específico para o ato de se divertir e de buscar a diversão, embora existam regularidades que devam ser observadas, em particular no âmbito da sociedade ocidental. A procura de atividades prazerosas, para além do mundo do trabalho, sempre foi algo importante para os seres humanos, ainda que não tenha sido incomum a construção de um imaginário que relacionasse essas práticas a algo pernicioso, de menor valia.

Como profissionais de lazer, é com seriedade que devemos encarar esse fenômeno social, percebendo que, no campo da cultura, é possível encontrar parâmetros conceituais que nos apontem caminhos para trabalharmos com mais eficácia, eficiência e efetividade.

Para que servem os conceitos? Todo ser humano, mesmo que não se dê conta do fato no seu cotidiano, baliza sua vida em sociedade por conceitos engendrados no âmbito do cenário em que vive. Por certo, se os compreendermos melhor, podemos encaminhar nossas ações de forma mais clara e consciente. Por exemplo, se eu entender melhor os conceitos que adoto para construir uma relação familiar, posso identificar os problemas dessa construção, refletir sobre até que ponto ela está submetida a influências externas que não são motivo de felicidade para mim e, a partir daí, reorientar meus princípios, tentando descobrir formas de relacionamento mais satisfatórias.

Se compreender os conceitos que norteiam nossa vida representa para todos uma possibilidade de viver melhor, para aqueles que trabalham com determinados objetos é uma necessidade primordial: como conceber que o profissional de lazer não conheça os conceitos relacionados ao objeto com o qual pretende intervir?

Ao mesmo tempo, não devemos ignorar que os conceitos são sempre recortes da realidade, tentativas de fragmentar para melhor entender algo que se encontra presente de modo complexo em nossa vida. Todos os conceitos têm limites claros, o que não significa que devam ser desprezados. Simplesmente devemos aprender a trabalhar com eles de forma dinâmica, conscientes de que sempre existem exceções a serem consideradas.

Então, vamos começar a brincadeira! Vamos iniciar falando exatamente de cultura, palavra tão presente nas páginas deste livro e tão constante na prática daqueles que trabalham no âmbito do lazer.

CULTURA: QUE BICHO É ESSE?

Até em função dos desordenamentos sociais, quando se fala em cultura é comum que um conjunto de imagens nos venha à mente. Sobre o que se escreve nos cadernos de cultura dos jornais? Sobre artes plásticas, cinema, música, literatura — normalmente sob modalidades ligadas ao erudito, pouco acessível, por motivos diversos, a grande parte da população. Seria, então, a cultura algo para poucos, para os mais preparados ou ricos, que têm acesso a essas coisas um tanto complicadas, exibidas em espaços refinados? Música erudita seria cultura, e samba não tanto?

Sem falar que o culto seria um chato! Sempre vestido de forma tradicional ou moderninha demais, vive citando poetas e intelectuais, fala difícil e olha com desdém para o outro, que não alcança sua forma avançada de compreender o mundo.

Terríveis enganos essas compreensões que, claro, não são construídas por acaso. Por trás dessas concepções, existe uma dinâmica social que, intencionalmente, de diferentes formas — ora mais, ora menos explícitas —, acaba por afastar as pessoas comuns de determinadas manifestações, ao mesmo tempo em que tenta estabelecer uma hierarquia que difunda um imaginário acerca dos diversos padrões de organização cultural. Contra tais construções equivocadas, deve-se bater o profissional de lazer em sua proposta de animação cultural, como veremos mais adiante.

A primeira ideia que deve ser combatida é a de que, quando falamos de cultura, estamos nos referindo apenas a uma série de manifestações artísticas. Por certo essas linguagens (a música, o cinema, a literatura etc.) são partes importantes do quadro cultural, mas outras linguagens, como o esporte, são também práticas culturais.

É curioso observar como alguns entendem essa poderosa manifestação — com certeza uma das mais influentes do século xx —, como algo exterior à cultura. Vemos isso claramente nos órgãos governamentais: não é incomum que a Secretaria de Cultura esteja isolada da Secretaria de Esporte, esta última normalmente atrelada ao lazer. Mas não seria o lazer também cultura, como estamos argumentando? E se o esporte é cultura, por que dela se separa?

Obviamente entendemos que os arranjos político-partidários nem sempre seguem com rigor os conceitos estabelecidos, mas, se quiséssemos ser mais claros, poderíamos pensar em uma única secretaria de lazer ou de cultura, dividida em subsecretarias para a arte (normalmente a Secretaria de Cultura trata dessa linguagem), para o esporte e mesmo para o turismo; um órgão que deveria, aliás, dialogar com secretarias de educação e urbanismo, entre outras.

Assim devemos ter em conta que as manifestações da cultura popular são tão importantes e valorizáveis quanto qualquer outra.

Lamentavelmente é comum que a maior parte dos investimentos seja destinada à cultura erudita, ficando a cultura popular a reboque da ação da indústria cultural ou pouco estimulada.

Além disso, é importante observar que quando falamos em cultura, estamos nos referindo a algo bem mais amplo que um conjunto de manifestações.

Existem vários conceitos para cultura, mas, em linhas gerais, podemos afirmar que estamos nos referindo a um conjunto de valores, normas, hábitos e representações que regem a vida em sociedade. A cultura é típica dos seres humanos, que, organizados em comunidades cada vez mais complexas, necessitam estabelecer princípios para viver com alguma harmonia. Certamente, esse não é um processo simples, já que envolve os desejos. Por isso, quando falamos em cultura, tratamos de um âmbito tenso, construído a partir de diálogos e conflitos, trocas, manipulações e embates.

Todos vivemos imersos em uma cultura, mesmo que não paremos para pensar nisso. Pela manhã, quando acordamos, imediatamente pensamos em escolher uma roupa adequada ao local para onde vamos nos dirigir, de acordo com o nosso gosto e possibilidade. Ninguém pensa: por que devo ir de roupa? Por que não saio nu à rua? Usar vestimentas é um elemento típico de nossa cultura. Se estivéssemos em outras realidades, esse gesto estaria revestido de outros princípios, podendo até mesmo não ser uma preocupação tão pronunciada.

Mais ainda, ao escolher nossa roupa, somos influenciados por fatores climáticos e pela natureza de nosso compromisso, mas também pelos modelos de vestir que estão postos em cada contexto histórico. As diversas modas de vestimenta, relacionadas a indicações e constrangimentos, sugerem o que devemos ou podemos eleger. Se estivéssemos no início do século XX, dificilmente um homem sairia de casa sem paletó ou gravata. Já nos dias de hoje, podemos sair com roupas mais leves. Se estivermos em um país islâmico, ou se fomos criados conforme os parâmetros dessa cultura, seríamos induzidos a adotar outro estilo, e mesmo impedidos de trajar certas peças.

Bem, então estamos falando que, no plano da cultura, um conjunto de valores também corresponde a um conjunto de representações. Quando mudam os valores, é possível que mudem as representações, bem como algumas mudanças de representações precedem às de valores. Lembremos do movimento *hippie*, por exemplo, que por meio de suas roupas despojadas contestava determinados rigores sociais e apresentava a necessidade de outro conjunto de princípios para reger a vida em sociedade, mais livres e menos controladores.

Vamos dar outro exemplo dessa articulação entre valores e representações de conteúdo e forma. Muitos de nós já fomos ou, pelo menos, conhecemos a rede de *fast food* McDonald's. Vejamos como ela organiza seus restaurantes. As cores predominantes são vermelho e amarelo, sempre berrantes: estudos de motivação já provaram a relação entre esses tons e o apetite. A música ambiente é alta e sempre agitada; não é um local planejado para se ficar muito tempo, a rede ganha com a rotatividade. Já percebeu o atendimento? Forçadamente gentil e muito veloz; quanto mais rápido, melhor para eles. Observe como são desconfortáveis as mesas e cadeiras típicas. Enfim, tudo é preparado para induzir as pessoas a fazerem uma refeição rápida e partir.

Já quando vamos a supermercados as coisas são diferentes. Pisos lisos, para que se caminhe devagar, aumentando a possibilidade de encontrar outros produtos à venda. Objetos colocados estrategicamente nas prateleiras, à altura de cada faixa etária consumidora preferencial. Produtos básicos (arroz, feijão etc.) normalmente se encontram no fundo da loja; para encontrá-los, deve-se percorrer a loja, ocasião para também se identificar outras tentações.

As manifestações artísticas são também face dessa articulação. Fazem parte de um contexto cultural, algumas vezes se ajustando e reforçando valores dominantes, em outras os contestando, dificilmente desconectadas do que está ocorrendo. Salientamos que, quando nos referimos à correspondência entre valores e representações, não estamos falando de ajuste total. Deve-se estar atento à não linearidade e à complexidade dessa relação.

É também importante notar que, quando falamos de cultura, estamos, na verdade, nos referindo a culturas. Todos, de alguma forma, fazemos parte e estamos fora de um ou outro contexto cultural. Existe uma cultura brasileira que nos aproxima, mas quem é da região norte experimenta certas peculiaridades de vida que aqueles que moram na região sul não conhecem, valendo também o contrário. Dentro do estado do Rio de Janeiro, quem vive em certas regiões tem sotaque e hábitos alimentares mais próximos dos habitantes de Minas Gerais que dos cariocas, originários da capital. Na cidade do Rio de Janeiro, a vida na zona oeste apresenta características diferenciadas da vida na zona sul. Assim, traça-se um longo trajeto de aproximações e diferenças, que, muitas vezes, leva a tensões explícitas, ainda mais em uma sociedade na qual a intolerância por vezes impera.

Considerando todas essas nuanças, como julgar culturas? Existiria uma cultura melhor que outra? Realmente seria muito difícil, e mesmo equivocado, estabelecer tal julgamento. A postura deve ser sempre de respeito à diferença. Mais ainda: a construção da ideia de que é normal ser diferente, e não o contrário, o equívoco de crer que a homogeneidade é o interessante. Como diz Caetano Veloso em suas canções: "de perto, ninguém é normal" (Vaca profana) e "cada um sabe a dor e a delícia de ser o que é" (Dom de iludir).

Percebamos ainda que a formulação de valores e representações nunca é casual. Existem processos claros de delineamento diretamente relacionados com as estruturas de poder, como já vimos no capítulo anterior. Na esfera da cultura, defrontam-se pontos de vista que nem sempre possuem as mesmas possibilidades de manifestação. Por isso, acreditamos que a intervenção cultural seja dimensão fundamental da atuação do profissional de lazer, sua tarefa principal para contribuir com a construção de uma ordem mais justa.

Enfim, quando falamos de cultura, estamos nos referindo a algo amplo e complexo, que abarca valores, linguagens, manifestações, ritos, símbolos, relações sociais, disputas de poder e manipulações. Devemos entendê-la não de forma linear e maniqueísta, mas sempre com base em uma visão de que há trocas e conflitos entre o oral e o escrito, entre o macro e o micro, entre quem domina e quem é dominado. Estamos, enfim, falando de um campo de tensões.

Mas, espera aí, como pensar em intervenção cultural com tamanha complexidade? Pois é, admitamos que o papel do profissional de lazer é mais sério do que, a princípio, poderia parecer; requer preparação e disposição. Por agora, vamos voltar à definição do conceito; mais tarde, tentaremos definir melhor as características da atuação.

VAMOS DEFINIR LAZER?

Abordado o conceito de cultura, é chegada a hora de definir lazer, fundamental para a melhor compreensão das possibilidades de intervenção profissional. Vale lembrar que, como vimos no capítulo anterior, o lazer é um fenômeno que emerge no conjunto de mudanças que marcam a construção do ideário e imaginário da modernidade. Lembremos também que, desde as origens, tem-se mostrado um campo de tensões, já que um tempo livre surge não como concessão dos donos dos meios de produção, mas sim como conquista das classes trabalhadoras. Nesse processo, a burguesia entabula iniciativas de controle e de obtenção direta e indireta de lucros, na mesma medida que os populares entabulam resistências possíveis.

Nesse processo, formularam-se equívocos que têm se perpetuado historicamente, até hoje ativos:

- O lazer seria menos importante que o trabalho, socialmente considerado a dimensão mais importante da vida; ambos deveriam ser encarados como dimensões importantes na mesma medida.
- O lazer, numa suposta escala hierárquica de necessidades humanas, seria menos importante que a educação, a saúde e outras urgências sociais. Com certeza todas essas dimensões são fundamentais, mas por que seria o lazer menos importante? Além disso, existem relações diretas entre o lazer e a saúde, o lazer e a educação, o lazer e a qualidade de vida, as quais não podem ser negligenciadas.
- O lazer é um momento de não fazer nada, de ficar parado, um momento de fuga da realidade. Devemos estar atentos para perceber que não fazer nada é uma possibilidade nos momentos de lazer, mas não a única.

O conceito de lazer estará exclusivamente relacionado com o tempo que sobra do trabalho? Esse é um parâmetro significativo a ser considerado, mas, isoladamente, apresenta claras imprecisões. Pensemos em um trabalhador com uma jornada laboral de 8 horas. Identifiquemos o que ocorre com o restante do tempo em que ele não está trabalhando, as outras 16 horas. Destas, uma parte será utilizada em atividades ainda realizadas em decorrência do trabalho, por exemplo com o transporte até a empresa e com o retorno ao lar. Em algumas cidades, esse tempo pode chegar a até 4 horas ou mais. Esse período dentro de carro, trem ou ônibus não pode ser considerado um tempo disponível para o lazer. Além disso, é hoje bastante comum o indivíduo ter de levar tarefas para casa ou, saindo da empresa, ir para a escola, universidade ou cursos de atualização profissional, cada vez mais exigidos pelo mercado. Observamos, assim, uma significativa redução daquelas 16 horas supostamente livres.

Além do mais, todos temos uma série de tarefas domésticas cotidianas que não podem ser encaradas como práticas de lazer, mesmo que tenham uma lógica diferenciada da do trabalho: pagar contas, limpar a casa, cuidar dos filhos, obrigações religiosas. No que se refere às atividades familiares, as mulheres, ainda em grande parte dos casos as principais responsáveis, acabam sendo mais prejudicadas. Por isso, é comum falarmos em dupla jornada feminina, a do trabalho e a do lar.

Temos ainda as necessidades fisiológicas diárias, que não podem ser confundidas com práticas de lazer: almoçar e dormir. Vejamos que uma coisa é "tirar uma soneca" por opção depois do almoço de domingo, outra coisa é desmaiar de sono ao fim de um dia árduo de trabalho. Uma coisa é, por opção, preparar e degustar um delicioso almoço com a família, outra é comer correndo no meio do expediente, simplesmente porque a fome é uma necessidade maior. É fácil concluir que o tempo destinado ao lazer se reduz bastante, em alguns casos torna-se, de fato, bastante escasso.

O mais adequado, na verdade, é afirmar que as atividades de lazer são observáveis no tempo livre das obrigações, sejam elas profissionais, religiosas, domésticas ou decorrentes das necessidades fisiológicas.

Então, no lazer, não há compromissos? Sim, há. Quando você vai ao cinema, deve respeitar o horário de início da sessão. Quando marca um futebol com os amigos, existe a hora de começar o jogo. A diferença está no grau de obrigação. Dificilmente pode-se escolher ou mudar com facilidade a hora de início e término da jornada de trabalho. Já nos momentos de lazer, pode-se optar com maior flexibilidade o que e em qual momento se deseja fazer.

Outro parâmetro por vezes adotado equivocadamente de forma isolada para definir o conceito de lazer é o prazer, um aspecto essencial para o ser humano. É lógico que esperamos que as práticas de lazer sejam sempre prazerosas, mas isso não deve ser compreendido como exclusividade desses instantes.

O trabalho, por exemplo, deveria também dar prazer aos indivíduos. Lamentavelmente, da maneira como tem se organizado, de forma extenuada e fragmentada, podemos dizer que um número significativo de pessoas não tem prazer em sua jornada laboral, o que contribui para a compreensão de que a felicidade estaria restrita aos instantes de lazer. Algo como: "sou infeliz no trabalho, mas, no lazer, eu recupero a alegria".

Não podemos perpetuar tal ideia: devemos lutar para que o trabalho signifique desenvolvimento humano, e não somente algo que possibilita o pagamento das contas mensais, embora essa seja uma questão também fundamental, o recebimento de uma remuneração justa. O quadro de recessão econômica, na verdade, gera a necessidade de mais trabalho, para complementar a renda, o que por certo diminui ainda mais a possibilidade de vivenciar o lazer com mais qualidade. Além disso, devemos lembrar que, em uma sociedade na qual o desemprego é um dos problemas centrais, é comum o temor da perda de emprego e da consequente dificuldade de reinserção profissional.

Assim, é melhor afirmar que os momentos de lazer pressupõem a busca pelo prazer, mas que este não é exclusivo desses instantes. Da mesma forma, nem sempre se alcança o resultado esperado: as atividades podem sim frustrar as expectativas iniciais; mas ninguém sai de casa para se divertir esperando ter problemas; ou pelo menos isso é uma postura incomum.

Bem, podemos então definir as atividades de lazer pela conjunção desses dois parâmetros — um mais objetivo, de caráter social (o tempo), e outro mais subjetivo, de caráter individual (o prazer). Se anexarmos a isso as informações anteriores, teremos bons indicadores de definição:

34 • INTRODUÇÃO AO LAZER

- As atividades de lazer são práticas culturais, em seu sentido mais amplo, englobando também os diversos interesses humanos, suas diversas linguagens e manifestações.
- As atividades de lazer são vivenciadas no tempo livre das obrigações – profissionais, domésticas, religiosas – e das necessidades físicas.
- As atividades de lazer são buscadas tendo em vista o prazer que podem possibilitar, embora nem sempre isso ocorra e embora o prazer não deva ser compreendido como exclusividade de tais atividades.

Esse conceito, em si, já apresenta desafios para o profissional. Normalmente, as pessoas não procuram as atividades explicitamente objetivando o desenvolvimento pessoal, até mesmo em função do imaginário construído historicamente ao redor do tema. O profissional, todavia, com cuidado e habilidade, deve aproveitar a ocasião para implementar iniciativas educacionais. Contudo, devemos lembrar que esses momentos são marcados por uma maior liberdade e por ter o prazer como parâmetro importante. Como não ferir frontalmente tais dimensões? Veremos mais adiante alguns indicadores.

UM POUCO MAIS SOBRE O LAZER

Um indivíduo pode dedicar o domingo para ir com a família a um jogo de futebol de um campeonato profissional; estará assistindo ao espetáculo, e isso é uma atividade de lazer. Mas também pode ter o seu joguinho semanal (conhecido em muitos lugares como "pelada"); essa é também uma atividade de lazer. Pode assistir a uma peça de teatro ou atuar em um grupo amador. Pode se deliciar com um concerto de música erudita ou cantar no coral de sua igreja. Assistir e praticar são duas possíveis posturas nos momentos de lazer.

Ao profissional de lazer cabe buscar um equilíbrio entre essas posturas, que aliás podem e devem se retroalimentar. Imaginem que, na cidade, esteja ocorrendo uma grande exposição de um importante artista. Podemos, antes de levar nosso público-alvo ao museu ou centro cultural, dedicar algumas horas para apresentar as características do que será visitado, o movimento em que se insere, outras obras do mesmo artista. Na volta do passeio, que tal se estimulássemos o pessoal a tentar compor quadros inspirados no que foi visto? A qualidade artística dos quadros não é o mais importante da atividade, mas sim o prazer e o conhecimento que ela oportuniza.

Uma das tarefas do profissional de lazer é mostrar que a vivência de uma atividade se inicia antes do seu início propriamente dito. Ir ao cinema começa quando nos programamos, convidamos alguém para nos acompanhar, preparamo-nos lendo as críticas e buscando informações sobre o diretor, os atores e a proposta do filme. Se estamos previamente informados, por certo teremos maior possibilidade de dialogar com o que vamos acessar. Depois disso, vem o ato em si de ir ao cinema: comprar o ingresso, entrar na sala, esperar o momento em que as luzes se apagam e assistir ao filme. A experiência não termina aí, já que, depois da sessão, podemos conversar sobre a película, pensar sobre ela, identificar se nos trouxe alguma reflexão para nossa vida, ou mesmo sobre porque nos divertimos ou não com ela.

Lamentavelmente, por motivos já explicitados, construiu-se uma ideia equivocada que relaciona o lazer a algo destinado a parar de pensar na vida. Brincamos sempre com nossos alunos dizendo que nos esforçamos muito para parar de pensar, mas nunca entendemos efetivamente como alguém o consegue. Com isso, não estamos dizendo que se deva ferir a perspectiva de prazer, transformar a vivência de lazer em algo chato, tampouco que em toda experiência devemos assumir a expectativa de extrair lições. Apenas inferimos que conhecer e pensar também podem ser posturas que causam um imenso prazer.

Na verdade, esperamos que, enquanto profissionais de lazer, possamos contribuir para que nosso grupo deixe de ser apenas público, compreendido como categoria genérica, estática e estatística, e passe a ser compreendido e compreender-se como espectador crítico, atento e participativo.

Vejamos o quanto são tênues as questões conceituais. Vamos retomar o exemplo do futebol. Será que todos que assistem ao jogo, ao qual você foi no domingo com sua família, estão experenciando uma prática de lazer? Não. Por exemplo, o comentarista esportivo, o narrador e o jornalista estão lá a trabalho. Será que, para aqueles que jogam, trata-se de uma atividade de lazer? Também não, porquanto o atleta profissional está, naquele momento, cumprindo sua jornada de trabalho.

Cozinhar é uma atividade de lazer? Depende. Se estamos, no domingo, preparando um prato especial, por escolha e porque temos como *hobby* a culinária, sem dúvida é essa uma opção de lazer. Mas, se sou contratado como cozinheiro de uma rede de restaurantes, isso é trabalho; o que não significa que esse mesmo cozinheiro não possa ter a culinária como atividade de lazer aos domingos. E o que dizer do ato cotidiano de cozinhar, para dar conta de nossa alimentação diária? Nem trabalho, nem lazer, mas sim obrigação doméstica.

O que acontece, por vezes, é uma atividade de lazer acabar se transformando, até mesmo em decorrência de condições econômicas, em uma tarefa laboral. Uma senhora tem como *hobby* fazer roupas de tricô, com as quais presenteia seus familiares. Um amigo da família vê essas peças, acha-as bonitas e pede para lhe fazer uma semelhante, propondo-se a pagar. Daí a pouco, várias pessoas começam também a encomendar roupas, e a senhora passa a dedicar parte de seu tempo ao cumprimento desses compromissos. O que era uma situação eventual vira uma rotina de trabalho. Em uma sociedade como a nossa, em que se reduz marcadamente o número de postos de emprego formal, isso tem sido bastante comum.

Aliás, vale a pena lembrar que o profissional de lazer é um trabalhador. Quando estamos atuando, as atividades são de lazer para nosso grupo, mas, para nós, são obrigações laborais, e a postura exigida é a de um profissional, ainda que tais tarefas possam ser divertidas e prazerosas também para nós.

O profissional de lazer é o primeiro que chega ao local, é quem organiza tudo e arca com a responsabilidade (em muitos casos, inclusive legal) de conduzir a atividade com segurança, e é o último a sair, quando todos já foram para seus lares. Depois, ainda deve avaliar a realização do trabalho. O grupo tem a opção de participar ou não, nós profissionais temos a responsabilidade de comparecer, até porque, na maioria das vezes, somos pagos para a condução do programa.

OUTROS CONCEITOS

Existem ainda as atividades que se situam em uma área intermediária entre o lazer e o trabalho — a tal ponto que o sociólogo francês Joffre Dumazedier (1976) denomina-as de semilazer. Imaginemos a seguinte situação: um casal de namorados está próximo de seu casamento e resolve construir sua morada em cima da casa dos pais. Convoca, então, um mutirão de amigos para que todos ajudem na tarefa de construção. No Rio de Janeiro, chamamos isso de "virar a laje" ou "subir a laje". Enquanto os homens se dedicam às tarefas específicas da construção, as mulheres preparam o almoço, uma feijoada, um mocotó ou algo assim. Ao fundo, no equipamento de som, ecoa o último CD do Zeca Pagodinho. Depois de cumprida a tarefa pesada, todos almoçam, conversam e, de repente, rola uma roda de samba. Percebam como a atividade acaba apresentando características mistas.

Na verdade, por vezes percebemos a incorporação (ou tentativa) de especificidades do trabalho no lazer e do lazer no trabalho, o que sempre deve ser observado com olhar crítico. É o que chamamos de "produtivização do lazer" e "pseudoludicidade do trabalho". Falemos um pouco da primeira.

Imaginemos uma excursão organizada por uma empresa de turismo. Em muitos casos, há a figura do guia, que prepara uma programação. Algum problema na existência desse programa? Depende, se ele for uma opção, ótimo, mas se for extremamente rígido, com horários apertados, cheio de correria, sendo quase uma obrigação para todos, ele merece ser questionado. Estaríamos levando a lógica da rotina diária, marcada pelo trabalho, para os momentos de lazer.

É impressionante, embora não surpreendente, como algumas pessoas não conseguem se desligar do trabalho nos momentos de lazer. Assim, nesses instantes, reproduzem a mesma lógica rígida de tempo controlado, marcam muitas coisas ao mesmo tempo e continuam correndo, quando não utilizam a oportunidade para se encontrar com colegas de trabalho e continuar a falar sobre as tarefas profissionais. Algumas pessoas chegam mesmo a se negar a tirar férias ou a deixar de trabalhar nos fins de semana, apresentando-se orgulhosamente como *workaholics*. Quando deixam de trabalhar, entram em depressão e têm até problemas físicos. Esse estado patológico é denominado "síndrome do lazer".

O profissional deve tomar cuidado para não reproduzir esse modelo. Lembremos sempre que os momentos de lazer devem ter uma lógica diferente de organização de tempo, que o grupo deve ter a possibilidade de escolha e que deve haver condições suficientes para as pessoas desfrutarem as atividades.

Por outro lado, chamamos de "pseudoludicidade do trabalho" as iniciativas implementadas por algumas empresas de permitir determinadas vivências lúdicas no âmbito laboral. Um exemplo disso é encontrado em algumas firmas ligadas à internet: no local de trabalho, os empregados dispõem de sala de repouso, máquinas de games e outras possibilidades de diversão. O que não se explicita, contudo, é que esses funcionários trabalham 12, 14, até 16 horas por dia. Por trás de um benefício, encontramos, na verdade, uma forma de prolongar a jornada.

Lembremos: trabalho é uma coisa, lazer é outra. Ambos são dimensões importantes da vida, ambos deveriam proporcionar prazer, mas não devemos confundir as coisas. Ainda, de forma alguma, devemos submeter uma à outra.

Para saber mais

- ⇧ Para aprofundar as discussões sobre as questões conceituais, consultar *Lazer e educação*, de Nélson Carvalho Marcellino (Papirus, 1987); *Lazer e cultura popular* (Perspectiva, 1976) e *Sociologia empírica do lazer* (Perspectiva, 1979), de Joffre Dumazedier.

- ⇧ Para aprofundar as discussões sobre o conceito de cultura, sugerimos *Dez lições sobre estudos culturais* (Boitempo, 2003), de Maria Elisa Cevasco, e *Cultura* (Paz e Terra, 200), de Raymond Willians.

CAPÍTULO 3

OS INTERESSES
CULTURAIS

AS LINGUAGENS

No capítulo anterior, identificamos que as atividades de lazer são sempre culturais, compreendidas em seu sentido mais amplo. Isto é, não devemos considerar como cultura somente uma variedade de linguagens/manifestações, mas também um conjunto de valores, normas, hábitos e representações que norteiam a vida em sociedade.

De qualquer forma, quando prepara sua atuação, o profissional de lazer faz uso dessas linguagens/manifestações para compor seu programa. Seria interessante, então, que pudéssemos vislumbrar um panorama geral de tais possibilidades de intervenção. Um quadro classificatório seria muito útil para auxiliar na realização de nossa tarefa.

Uma classificação das atividades de lazer nos é apresentada por Joffre Dumazedier (1976), que leva em conta o interesse central desencadeado, aquele que motiva o indivíduo a buscar a prática. Considerando essa proposta, poderíamos compor nosso programa tendo em vista as diversas possibilidades de mobilizar essas diferentes escolhas, ampliando e enriquecendo o alcance de nossa atuação.

Mesmo sendo de grande utilidade, não devemos tomar tal classificação de forma rígida, até porque os interesses humanos não se encontram estaticamente divididos. O indivíduo pode procurar determinada atividade com os mais diversos desejos conjugados, além de não necessariamente o fazer com plena consciência. Quando alguém busca uma prática esportiva, não pensa: "Hoje eu quero mobilizar meu interesse físico". Ele o faz porque se interessa pelo esporte em si, mas também porque gosta do bate-papo no bar, que comumente se segue aos jogos. Aliás, muitas vezes esse é o principal agente motivador, sendo a partida quase um argumento para a atividade subsequente.

Enfim, a classificação proposta por Dumazedier (1976) não é perfeita, nem pretende ser. Deve ser considerada antes como um guia para o profissional, que deve ter em vista as possibilidades de cruzamentos complexos que se estabelecem entre os diferentes interesses. Não devemos entender os limites como falhas, mas como ocorrências possíveis e aliados em nosso trabalho de programação. Aliás, lembremos que atuar no âmbito do lazer não deve se restringir à mera seleção de uma série de atividades isoladas. Essas devem estar ligadas a um intuito maior, em que estão contemplados nossos objetivos educacionais, nossa visão de mundo, nossa intencionalidade de intervenção — tópicos que serão abordados no próximo capítulo.

Feitas as devidas ressalvas, passemos à classificação proposta por Joffre Dumazedier (1976). Obviamente, em função de ser este um livro introdutório, não pretendemos tratar com completude todas as dimensões específicas de cada um dos interesses. Apenas apresentaremos suas principais características, às quais deve estar atento o profissional de lazer ao preparar seu programa.

OS INTERESSES FÍSICOS

As atividades físicas, dentre as quais os esportes, estão entre as manifestações culturais mais procuradas e difundidas pelos meios de comunicação, estando mesmo diretamente ligadas a diversos estilos de vida. Ao redor dessas práticas, não é incomum a existência de uma série de procedimentos, posturas e produtos (roupas, músicas, alimentos) que identificam os praticantes e diferenciam-nos de outros grupos.

Entre essas práticas, podemos encontrar diferenças claras, que se relacionam inclusive com interesses dos indivíduos. Vejamos alguns exemplos. Existem as atividades de aventura, também conhecidas como esportes radicais, que colocam os praticantes em uma situação de risco controlado e são realizadas na natureza (*rafting*, escalada) ou em ambientes construídos (*skate*). Entre os interessados por atividades na natureza, existem ainda aqueles que as procuram apenas como forma de espiritualizacão, fuga do estresse cotidiano ou manutenção da saúde.

Alguns preferem atividades mais leves, mais espirituais, como a ioga e o *tai chi chuan*. Outros escolhem práticas mais intensas, encontradas nas academias (musculação, diversos tipos de ginástica) ou experienciadas com o uso de equipamentos urbanos (corrida, triatletismo). Existem os que preferem os esportes mais conhecidos, sejam os coletivos (futebol, voleibol), os individuais (natação), as diferentes modalidades de lutas (judô, caratê, capoeira, jiu-jitsu) ou aqueles normalmente restritos aos que têm maior poder econômico, sendo mesmo símbolo de diferenciação social (hipismo, golfe).

Em comum entre os diversos grupos, podemos citar a busca pelo bem-estar por meio da movimentação do corpo —, embora o grau de movimentação varie muito de uma atividade para outra — e certa preocupação com a saúde — ainda que, muitas vezes, tal dimensão seja mais observável no discurso que na prática, sendo a compreensão da saúde bastante difusa e até mesmo superficial. Na verdade, apesar de um forte estímulo à busca de exercícios físicos, a maior parte da população faz esporte mesmo pela televisão e pelos jornais, não tendo a oportunidade de uma prática sistemática.

A introdução de atividades físicas nos programas de lazer deve contribuir para sensibilizar o grupo para as possibilidades de prazer resultantes de tais práticas. Devemos tomar cuidado com o grau de movimentação exigido, respeitando os limites físicos e os desejos dos indivíduos: nem todos gostarão de se sentir exauridos, bem como, para alguns, determinados exercícios são muito fáceis, o que pode ser agente desestimulante.

Mesmo respeitando as características do grupo, o profissional de lazer deve esmerar para apresentar outras modalidades de atividade física. Nada impede que alguém que é praticante de musculação faça uma caminhada ou aprenda danças de salão. Por que a esgrima é um esporte de elite? Se implementarmos um processo de popularização, um número maior de pessoas talvez descubra esse esporte. Isso aconteceu com o tênis; a partir dos bons resultados obtidos pelo brasileiro Guga, desencadeou-se um interesse nacional pela prática. Enfim, nos programas de lazer é importante garantir, dentro dos limites possíveis, a apresentação da enorme variedade de atividades físicas à disposição.

Mais que simplesmente estimular as pessoas à prática dessas atividades, é importante tentar conscientizá-las sobre seus sentidos e significados na ordem social contemporânea. É importante que as pessoas aprendam a desvendar, de forma crítica, os discursos difundidos com constância pelos meios de comunicação sobre os exercícios físicos em geral, notadamente sobre o esporte, percebendo como tais posições carregam valores por vezes deturpados.

É preciso esclarecer essas dimensões para o público-alvo, explicitando como a prática de atividades físicas está envolvida por poderosos mecanismos comerciais. É preciso descortinar os princípios básicos que regem o sistema esportivo.

É importante, ainda, ter em conta a forte influência do chamado esporte de alto nível na prática de atividades físicas nos momentos de lazer: por vezes, vemos a reprodução dos parâmetros da lógica profissional, notadamente no que se refere à competitividade e ocorrências de violência. É preciso lembrar que devem ser desenvolvidos modelos de prática esportiva próprios e adequados às peculiaridades dos instantes de lazer, sendo um equívoco reproduzir padrões já configurados para outras dinâmicas.

OS INTERESSES ARTÍSTICOS

Afinal, o que é arte? A resposta seria extensa, incompleta e polêmica, sobretudo no contexto da contemporaneidade, quando suas fronteiras tornaram-se menos definidas, levando até alguns estudiosos a decretarem sua morte.

A arte estaria em museus, bibliotecas, cinemas, teatros, centros culturais? Sem sombra de dúvida, mas não somente nesses espaços.

Há também arte na cultura popular, nas quadras de escola de samba, nas tradições folclóricas. Seria produzida por virtuoses, artistas notáveis por seus trabalhos magníficos? Com certeza, mas também é acessível a todos, podendo ser estimulada pela educação de nossa sensibilidade.

A experiência estética não é exclusividade da manifestação artística; está presente em muitas esferas da vida, inclusive no que se refere aos produtos industriais que consumimos diariamente. Ainda assim, podemos dizer que é, por excelência, o que impulsiona a busca da arte, do prazer que as diversas linguagens artísticas proporcionam. Claro que não estamos falando da arte pela arte, nem do prazer pelo prazer, mas argumentando que desenvolver novas sensibilidades — e, nesse processo, ter acesso a novos valores ou ao questionamento dos valores vigentes — é uma dimensão fundamental a ser provocada.

O profissional de lazer não pode deixar de contemplar os interesses artísticos em seu programa, tratando-os a partir de uma dupla dimensão. Deve contribuir para educar a sensibilidade de seu público-alvo, apresentando novas linguagens e, fundamentalmente, possibilitando a vivência de novas experiências. Deve discutir as peculiaridades de cada manifestação em sua diversidade de correntes e propostas, sem preconceitos, trabalhando com as mais diferentes possibilidades disponíveis.

Ao ampliar os limites da experiência estética dentro dessa perspectiva, o profissional de lazer contribui para o questionamento da grande máquina de difusão de valores e representações – o mercado de entretenimento –, não para negá-la, mas a fim de contribuir para desvendar os princípios que a legitimam.

Não se trata apenas de incorporar esses intuitos à perspectiva da contemplação. Podemos (e devemos) contribuir para despertar nos indivíduos seu senso de produção artística. Isso não significa estimular a formação de notáveis artistas plásticos, músicos ou escritores, mas sim levar cada um à percepção de que é possível extrair prazer do ato de pintar, cantar, tocar, representar, escrever. Por certo, esses atos devem estabelecer diálogos com o que já está configurado na história da arte, mas não precisa se comparar, tampouco se limitar, ao que já é valorizado pelo circuito profissional.

Assim, ao levar nosso grupo a um museu, para apreciar uma exposição de pinturas de determinado artista, seria interessante trabalhar com as características de sua obra, tentando situá-la no contexto da história da arte. Isso, contudo, não deve significar um didatismo excessivo, voltado para a explicação completa da produção: é importante que cada um desenvolva suas sensações. Na volta do museu, podemos promover um debate sobre o que foi visto e oferecer a todos a oportunidade de pintar sob inspiração do tema estudado. Articularíamos, assim, a experiência da contemplação a um conjunto de informações e à experiência de produção. O importante é que cada participante potencialize o seu prazer e suas descobertas pelo contato com as mais diferentes manifestações artísticas.

OS INTERESSES MANUAIS

Chamamos de interesses manuais aqueles cujo prazer se encontra fundamentalmente na manipulação de objetos. Tais atividades, com frequência, confundem-se com os *hobbies* em geral, ainda que entre estes se encontrem atividades não necessariamente manuais. Jardinagem, carpintaria, marcenaria, costura e culinária podem ser citados como bons exemplos.

Em função de sua natureza, essas atividades são, muitas vezes, confundidas com trabalho. Ocorre que, como já dissemos, mesmo sendo originalmente de lazer, acabam, em decorrência de problemas econômicos ou de opção por renda suplementar, tornando-se laborais. Por exemplo, um senhor, no seu tempo livre, confecciona móveis artesanais, que, depois, são utilizados em sua casa. Alguns amigos que frequentam a residência gostam e encomendam outros semelhantes. Inicialmente, o senhor cobra só o preço da madeira, mas surgem outros pedidos, e ele começa a cobrar também pelo trabalho. Surgem mais interessados, o senhor desenvolve novos modelos de móveis e passa a dedicar um tempo significativo de sua vida para atender os pedidos crescentes. Não é impossível que, a partir de então, esta se torne sua principal atividade econômica, e o que era lazer se transforme em trabalho.

Algumas vezes, as atividades manuais também se misturam com as artísticas, já que, em ambas, a questão estética é destacada. Um indivíduo que tem como *hobby* a marcenaria vai se preocupar em produzir móveis bonitos, de acordo com seu gosto. Até onde uma prática de modelagem não é também de escultura? Como dissemos, a classificação das atividades deve ser encarada com flexibilidade, servindo apenas como um guia ao profissional de lazer.

De qualquer modo, podemos incorporar as atividades manuais em nossos programas, somente tomando cuidado para não fazer delas uma preparação para o trabalho. O lazer não se justifica por sua ligação com o trabalho, e o fim que se espera é o prazer ocasionado pelas atividades em si. Nada impede que, num momento posterior, os indivíduos encontrem significados diferentes para o que foi abordado nos programas, mas, como profissionais, nossa preocupação básica não é a formação para o mundo do trabalho.

OS INTERESSES INTELECTUAIS

O fato de existir um interesse específico para o intelecto significa que, nos outros interesses, não há ação intelectual? Claro que não. Ocorre que, nesse grupo de atividades, a ênfase central está diretamente ligadas às atividades relacionadas ao raciocínio.

É este mais um caso em que se misturam campos de interesse. Como não reconhecer que, algumas vezes, vamos ao cinema ou ao teatro em busca de reflexões que, de algum modo, surtam efeito em nossa vida? Aqui não é o caso de definir categoricamente as diferenças, pois, como temos dito, o que importa é considerar essa classificação como um guia auxiliar.

Nesse grupo de atividades, estão enquadrados, por exemplo, os jogos como xadrez, dama, gamão, *bridge*. Também estão inclusos os cursos e palestras, desde que não motivados por necessidades laborais, relacionados à necessidade de atualização e aperfeiçoamento que o mercado de trabalho tem imposto. Nesse caso, não podem ser considerados práticas de lazer.

As palestras e os cursos compreendidos como atividades de lazer são os ligados a interesses distintos dos profissionais. É o caso do médico que, apaixonado por cinema, procura informações sobre o tema. Ou do engenheiro que estuda história da música como *hobby*. Ou do professor de matemática que busca se aprofundar sobre a história da arte, pois as exposições são sua diversão principal.

É também possível que um interesse de lazer gere futuramente uma reorientação profissional, mas, como no caso dos interesses manuais, estaríamos falando de uma migração das atividades do âmbito do lazer para o do trabalho.

As atividades de cunho intelectual são muito procuradas por grupos organizados de idosos. Depois de aposentados, eles têm a oportunidade de atender a certos desejos que, no decorrer da vida, não foram desenvolvidos, até pelas limitações estabelecidas pelo trabalho. Assim, é comum observar a introdução de palestras e cursos nos programas de lazer para indivíduos dessa faixa etária, o que não significa que esse tipo de interesse não deva ser estimulado em outros grupos.

Na verdade, existe ao redor das atividades intelectuais o mesmo processo de diferenciação social já descrito para outros interesses, devendo o profissional de lazer trabalhar no sentido de difundir essa alternativa de vivência social. Deve estar atento às expectativas do grupo e inserir essas possibilidades em seu programa até mesmo como forma de potencializar o alcance dos objetivos com outros interesses.

OS INTERESSES SOCIAIS

Em princípio, todas as práticas de lazer tendem a envolver grupos e a desenvolver a sociabilidade, mas destacamos como de interesse social aquelas em que o elemento motivador é exatamente a promoção pronunciada de tais encontros, como festas, encontros em bares ou restaurantes, programas noturnos e, notadamente, os passeios e atividades turísticas em geral.

Lembramos que a promoção de encontros e a organização de grupos não são objetivos menores, ainda mais se tivermos em conta o processo de excessiva fragmentação e individualização existente na sociedade contemporânea, algo que tem impacto notável em algumas faixas etárias (caso dos idosos, que vão perdendo as referências e sentindo-se solitários com o decorrer do tempo) e metrópoles (nas quais o caos urbano produz problemas como o medo da violência, que acaba estimulando as pessoas a se esconderem dentro de seus lares).

Quando falamos de atividades turísticas, especialmente de passeios e excursões, referimo-nos a um dos campos de maior destaque da atualidade, em virtude do progressivo significado econômico associado ao setor. Nosso intuito aqui não é promover uma discussão profunda sobre o turismo e seus conceitos — assunto que já conta com muitas publicações de qualidade —, mas chamar a atenção para as potencialidades de sua inclusão nos programas de lazer. Para nós, isso tem uma relação com a discussão sobre a consideração da cidade como equipamento fundamental de lazer.

A CIDADE COMO EQUIPAMENTO DE LAZER

Vamos tomar como exemplo o Rio de Janeiro para construir nossa argumentação sobre a importância do profissional de lazer para a consolidação de uma nova visão sobre a cidade[1]. Durante alguns anos, a outrora Cidade Maravilhosa frequentou as páginas policiais tanto quanto (ou até mais que) as dedicadas à cultura. As imagens de violência, pobreza e convulsão urbana tornaram-se fortemente associadas à antiga capital do país.

O que teria havido com o carioca nesse processo? De *bon vivant* e "cuca-fresca" teria se transformado em um ser violento ou em um atormentado pelo medo de sair à via pública e sofrer algum tipo de violência? À parte os exageros dessas considerações, é fato incontestável que o

---

1 Utilizamos o exemplo do Rio de Janeiro por conhecê-lo bem. Por certo, em muitas outras cidades, processo semelhante ao que vamos descrever pode ser identificado.

tecido urbano se desgastou de forma alarmante nas últimas décadas, o que é também observável em outras cidades do mundo e do Brasil, não só nas metrópoles como também em pequenos e médios municípios, que já sentem os problemas ligados ao aumento da desigualdade social. O desordenamento econômico global tem produzido efeitos devastadores.

Nesse processo de desgaste, as cidades tendem a se tornar cada vez mais fragmentadas, cada vez mais compartimentadas em blocos e submetidas a administrações que privilegiam os grupos economicamente poderosos. Enquanto as zonas mais ricas das cidades preservam certa harmonia de formas e são motivos de preocupação constante dos poderes governamentais, os subúrbios e as periferias estão cada vez mais desgastados e sensivelmente abandonados.

A própria distribuição dos equipamentos culturais explicita essa rígida divisão. No caso do Rio de Janeiro, uma cidade que tem o privilégio de abrigar uma vasta rede de teatros, cinemas, bibliotecas, centros culturais, é notável como a maioria dessas instalações está situada nas zonas que congregam a população de maior poder aquisitivo.

Ao mesmo tempo, muitas praças, parques e espaços públicos de lazer sofrem um processo de privatização. No Rio de Janeiro, por exemplo, é caro o acesso à estátua do Cristo Redentor/Corcovado e ao Pão de Açúcar, símbolos da cidade. Com isso, parte significativa da população desconhece os próprios bens culturais do local onde vive.

Temos, então, duas cidades dentro de uma única: uma parte da população (a menor, por sinal) tem acesso a todas as benesses que se oferecem, enquanto a maior parte encontra dificuldades para tal, como se somente estivesse destinada a colocar sua força de trabalho a serviço da primeira.

Como esperar que o cidadão reconheça sua cidade e com ela se identifique? Não é incomum que deixe de se envolver com as coisas afeitas ao seu local de moradia, reduzindo sua participação na reivindicação para a construção de um ambiente mais justo. A separação entre cidadão e cidade dificulta a construção da coletividade e o processo de articulação necessário para promover mudanças no quadro.

O profissional de lazer pode ocupar um papel importante na perspectiva de reverter essa lógica, contribuindo para reintegrar cidade e cidadão. Os habitantes precisam reconhecer sua cidade, reivindicando que ela seja de todos, e não somente de uma pequena parcela de privilegiados.

Se as restrições de acesso aos equipamentos culturais e de acesso às múltiplas possibilidades de lazer são comuns e constituem o quadro de isolamento de grande parte da população, pode o profissional sensibilizar e estimular os habitantes a conhecerem melhor sua cidade. Nesse processo, contextualizaria os problemas, estimulando o cidadão a tomar parte no processo de luta necessário à reorganização do meio urbano e à melhor distribuição de bens.

Isso significa que não basta levar os cidadãos aos equipamentos culturais localizados nas áreas privilegiadas, mas lançar o questionamento sobre a má distribuição. É importante que o cidadão entenda que ele deve, sim, reivindicar saúde, escola, transporte e também museus, cinemas, teatros e bens de lazer como um todo.

Ainda mais: não se trata de transformar o cidadão em mero espectador, mas de despertá-lo para a possibilidade de ser (e em certo sentido sempre o é) produtor de cultura, na medida em que dialoga criticamente com o exibido, sem a necessidade de tomar os padrões de excelência como referência restritiva.

Esta última dimensão é ainda mais importante em localidades que não possuem um conjunto de equipamentos estruturados. Lembramos que grande parte das cidades brasileiras sequer tem cinemas, teatros e centros culturais. Deve, portanto, o profissional de lazer contribuir para potencializar a animação das cidades, estimulando a organização de grupos que, além de lutar pela construção de espaços de lazer, nas suas mais diferentes possibilidades, empenhem-se em sua operacionalização e funcionamento.

Agindo assim, estará o profissional de lazer contribuindo para a construção de uma cidade mais igualitária, mais justa e que realmente atenda aos anseios de um conjunto maior da população, e não somente de uma pequena parcela dos habitantes, que muitas vezes finge não ver os problemas ocultos pelos becos e vielas dos bairros.

Para saber mais

⇧ Para aprofundar as discussões sobre as questões conceituais, consultar *Lazer e educação*, de Nélson Carvalho Marcellino (Papirus, 1987); *Lazer e cultura popular* (Perspectiva, 1976) e *Sociologia empírica do lazer* (Perspectiva, 1979), de Joffre Dumazedier.

⇧ Para uma discussão mais atualizada sobre os diferentes interesses culturais, consultar *Lazer e cultura*, organizado por Nélson Carvalho Marcellino (Alínea, 2008).

⇧ Nélson Carvalho Marcellino organizou, para a editora Papirus, vários livros, dentre eles *Lazer e recreação: repertório de atividades*, todos muito úteis.

⇧ Um grupo de autores sul-americanos organizou *Equipamentos culturais na América do Sul: desigualdades* (Apicuri, 2009), útil para discutir as desigualdades de bens de lazer nas grandes cidades.

CAPÍTULO 4

A ANIMAÇÃO
CULTURAL

O que os grandes empresários dizem contra os agitadores é a mais pura verdade: são um grupo de pessoas intrometidas e perturbadoras que se dirigem às camadas perfeitamente contentes da comunidade e espalham em seu seio as sementes do descontentamento. Eis a razão pela qual os agitadores são absolutamente necessários. Sem eles, no estado de imperfeição em que nos encontramos, não haveria avanço na civilização.

A alma do homem sob o socialismo (1891), de Oscar Wilde

LAZER E EDUCAÇÃO: HÁ SENTIDO NESSA CONJUNÇÃO?

A esta altura, o leitor já deve ter identificado que os momentos de lazer não podem ser compreendidos como instantes de fuga, desconectados da realidade social, o que não significa que devamos desconsiderar a busca do prazer como uma das características fundamentais.

Até agora, apresentamos algumas especificidades teóricas do assunto e algumas críticas a certos equívocos que se perpetuam em torno da temática. Mas como poderíamos entender mais detalhadamente uma possível contribuição do profissional a partir de uma perspectiva diferenciada? Se considerarmos que a atuação no âmbito do lazer pode contribuir para o questionamento da ordem social, como podemos encaminhar tal intervenção?

Vale chamar a atenção para o fato de que coadunamos com a ideia de que, no plano da cultura, não encontramos apenas uma rígida orientação que baliza todos os comportamentos humanos, tampouco unicamente elementos de transgressão e resistência. Pensamos não ser possível, ou ser uma apreensão parcial, pensar a cultura sem considerar a consonância dos dois aspectos. Assim, ao mesmo tempo em que nela encontramos os parâmetros que propagam e mantêm a ordem, também identificamos potenciais para o seu questionamento e sua superação.

O profissional de lazer, que trabalha diretamente no âmbito cultural, tem de lidar com essas contradições, aproveitando seu potencial de intervenção, sempre respeitando, contudo, as características do grupo com o qual trabalha. Ainda que, de fato, seja uma fronteira tênue, trata-se de algo que deve ser encarado.

Com isso, não estamos negando que os momentos de lazer tenham também um caráter de repouso, de descanso ou recuperação das forças. Achamos que esses intuitos, por si só, não são negativos, mas sim o uso que deles faz o sistema. Isso não significa que devam ser abandonados, mas sim redimensionados dentro de uma ótica que interesse não só àqueles que detêm o poder.

Assim, entre as possibilidades para as quais pode contribuir o processo de intervenção pedagógica no lazer, podemos situar: a busca de novas formas de encarar a realidade social, direta ou indiretamente oferecidas pelo acesso a novas linguagens culturais; a percepção da necessidade de equilíbrio entre consumo e participação direta nos momentos de lazer; a recuperação de bens culturais destruídos ou em processo de degradação como resultado da ação da indústria do entretenimento; a problematização dos prazeres; e a própria humanização dos indivíduos, estimulados a se entenderem como agentes do processo social.

Mas como encaminhar tais diretrizes?

O profissional de lazer promove um tipo de intervenção pedagógica peculiar quando comparado a outras formas de educar. Ou seja, embora sendo também um educador, não exerce essa função no mesmo sentido que o professor da escola ou que os familiares. Basta lembrar que sua atuação se dá em um espaço de maior liberdade, cuja procura é motivada, sobretudo, pela busca de prazer e no qual não há necessariamente um conjunto de conteúdos preestabelecidos com rigidez. Isso sugere que tem maior flexibilidade para preparar uma programação que leve em conta os diversos interesses culturais.

A despeito do que, a princípio, possa parecer, não é fácil a tarefa desse profissional. Imagine ter de educar as pessoas em um momento no qual, *a priori*, não estão disponíveis para tal e ainda garantir que a dinâmica do espaço seja de prazer e de respeito às escolhas feitas pelos participantes. A diretriz central deve ser a promoção de um trabalho de mediação, tentando negociar com seu público-alvo a composição do programa, o que significa sempre compreender as pessoas como partes ativas no processo. Aliás, a busca do maior envolvimento possível, que não deve ser confundido com negligência do profissional (que não pode prescindir de assumir um papel ativo de influência), já é, em si, uma estratégia de intervenção pedagógica.

Para conceber sua atuação, o profissional deve considerar o duplo aspecto educativo: a *educação pelo lazer* e a *educação para o lazer*.

Educar pelo lazer significa aproveitar o potencial das atividades para trabalhar valores, condutas e comportamentos. Obviamente, dentro da perspectiva que tentamos apresentar, o profissional deve tomar cuidado para não ser um moralista, pregador de posturas supostamente consideradas adequadas, sejam estas progressistas ou conservadoras. Antes, deve construir um espaço em que, a partir de uma problematização, seja permitida aos indivíduos a reelaboração de seus pontos de vista acerca da realidade. Isso deve ser feito não apenas pelo aproveitamento do que surge espontaneamente no decorrer das atividades, mas também pela programação de situações que despertem uma discussão que possa considerar um processo de tomada de posição.

Essa perspectiva de atuação considera as atividades como veículo de educação. Vejamos alguns exemplos. Não são poucos os artistas que concebem sua obra como uma forma de incomodar as pessoas, tentando levá-las a refletir sobre algo associado à vida cotidiana. Eles esperam que, no momento em que os apreciadores estiverem desarmados, em seu momento de lazer, tornem-se mais conscientes.

Um exemplo claro disso é o movimento *hip hop*. O *rap* (sigla de *rhythm and poetry*, "ritmo e poesia"), ao mesmo tempo que se constitui em uma oportunidade de diversão para a juventude, também difunde mensagens críticas acerca da situação social, bem como conclama os indivíduos a estarem atentos e a buscarem alternativas de mudança. Somam-se à música, com o mesmo conjunto de princípios, manifestações de dança (o *break*) e de artes plásticas (o grafite, que pretende liberar a arte do espaço reservado e restrito dos museus, colocando-a ao alcance de todos nas ruas).

Vale lembrar que essa é uma manifestação originária dos Estados Unidos, mas que foi apreendida de forma bastante diferenciada em vários pontos do planeta. No nosso país, não absorvemos de forma direta o ideário norte-americano, demos ao movimento uma cara nacional, tratando de temáticas afeitas à nossa realidade e misturando o ritmo original com nossa rica musicalidade.

Um alerta é necessário: o *hip hop* também foi apreendido na indústria do entretenimento, assumindo diferentes formatos e produzido com intencionalidades distintas a seu projeto original, também como diversão fortuita e imediata.

Educar para o lazer é a outra dimensão do processo de intervenção pedagógica no âmbito do lazer.

Por esforço didático, já que, na prática, não é possível identificar em um cenário tão globalizado uma classificação estanque, podemos apresentar três grandes padrões de organização cultural. Chamamos a atenção para que não os consideremos de forma estática, mas que os vejamos desde uma ótica de tensão e conflito, bem como de circularidade e troca.

Um desses padrões é o que podemos chamar de cultura erudita. Quando a ele nos referimos, estamos falando de manifestações de longo alcance, que se organizam em escolas, grupos e/ou tendências com características em comum, quando não por manifestos que estabelecem os parâmetros a serem seguidos. Nas artes plásticas, por exemplo, temos o barroco, o neoclassicismo, o realismo, o romantismo, o impressionismo, o surrealismo, entre outros. No cinema, temos o expressionismo alemão, a *nouvelle vague*, francesa, o neorrealismo italiano etc.

Tais movimentos fixam líderes ou ícones reconhecidos por sua genialidade que bem representam suas características. No surrealismo, Salvador Dalí; no impressionismo, Monet, por exemplo. Se formos pegar o caso do cinema, no neorrealismo, Vittorio De Sica; na *nouvelle vague*, Godard e Truffaut.

Esse padrão de organização mostra-se normativo, estabelece modelos estéticos, e é normalmente estruturado pela participação denotada de membros das classes abastadas da sociedade, o que significa um certo poder de decisão e prestígio a seu redor.

Observe-se que não estamos dizendo que somente as pessoas mais ricas da sociedade têm ou devem ter acesso a tais manifestações. Aliás, o fato de ser rico não significa que, invariavelmente, o indivíduo esteja atento às possibilidades de acesso à diversidade de bens. O que ocorre é que a própria forma de organização dos bens culturais contribui para dificultar o acesso de grande parte da população. Mesmo com os desníveis de acesso decorrentes da falta de alternativas e estímulos e, por certo, do ordenamento político, pessoas de todos os níveis socioeconômicos podem e devem ter acesso pleno à riqueza de linguagens.

Podemos dar alguns exemplos do Rio de Janeiro. Quase a totalidade dos centros culturais ativos está localizada no eixo centro-sul, onde mora a população com maior poder aquisitivo. Naqueles localizados no eixo norte-oeste, região com maior extensão territorial e que abriga a maior parte dos habitantes, não se consegue perceber na programação as principais atividades culturais que chegam à cidade. Não é diferente com o cinema. Se, nesse caso, há uma maior distribuição, a exibição é da mesma forma mais restrita em certas áreas. Parece clara a desigualdade na distribuição das oportunidades em todas as áreas artísticas — teatros, museus, bibliotecas, entre outros.

Devemos considerar que três aspectos são muito importantes na potencialização do acesso às alternativas de lazer: proximidade da residência com os equipamentos; condições financeiras; e formação educacional. Dediquemo-nos a discutir este último ponto.

A falta de um processo contínuo de educação acaba restringindo a vivência dos momentos de lazer. Já que assumimos que isso está ligado às tensões que ocorrem no âmbito cultural, precisamos falar de mais um dos padrões de organização: a *cultura de massa*.

Chamamos de *cultura de massa* àquela produzida pela grande indústria do entretenimento, destinada ao consumo em larga escala. Normalmente são produções padronizadas e unidimensionais, embora existam produtos de qualidade melhor ou de caráter misto. Aliás, esta é uma questão polêmica: como definir o que é uma manifestação de qualidade? O que é de melhor qualidade: o samba ou a música erudita? A música axé, tão difundida pelos carnavais do país, é de qualidade?

Temos de tomar muito cuidado para não sermos preconceituosos ou elitistas, reforçando a ideia de que somente o que vem da cultura erudita deve ser valorizado. Por outro lado, não podemos cair no discurso fácil de que tudo é igual, cabendo às pessoas escolherem o que acham melhor. Esse discurso é falacioso na medida em que não considera as deficiências de formação educacional nem os desníveis de acesso decorrentes das desigualdades sociais. Mesmo reconhecendo os limites impostos pela organização socioeconômica, bem como a questão da individualidade nas escolhas, temos de ter a coragem de implementar processos de intervenção fundamentados em uma compreensão mais abrangente de cultura.

As palavras do geógrafo Milton Santos (2000, p.5) ajudam a desvendar o desafio de definição do que é qualidade cultural:

> O conceito de cultura está intimamente ligado às expressões de autenticidade, da integridade e da liberdade. Ela é uma manifestação coletiva que reúne heranças do passado, modos de ser do presente e aspirações, isto é, o delineamento do futuro. Por isso mesmo, tem de ser genuína, isto é, resultar das relações profundas dos homens com seu meio, sendo por isso o grande cimento que defende as sociedades locais, regionais e nacionais contra as ameaças de deformação ou dissolução de que podem ser vítimas.

Por isso, devemos estar atentos à ação da indústria do entretenimento e à percepção de que lógicas diferenciadas produzem manifestações culturais diversas e que, por trás disso, sempre existe um projeto político definido. Milton Santos (2000, p.5) é contundente ao afirmar que:

> O Brasil, pelas suas condições particulares desde meados do século xx, é um dos países onde essa famosa indústria cultural deitou raízes mais profundas, e por isso mesmo é um daqueles onde ela, já solidamente instalada e agindo em lugar da cultura nacional, vem produzindo estragos de monta. Tudo, ou quase, tornou-se objeto de manipulação bem-azeitada, embora nem sempre bem-sucedida.

A cultura de massas é forjada majoritariamente a partir de modismos e relações impessoais — o que parece óbvio na medida em que, muitas vezes, trata-se da criação de produtos facilmente descartáveis e substituíveis por outras novidades.

De forma exagerada (e nosso objetivo neste momento é esse mesmo), poderíamos afirmar que a maior parte desses produtos constitui-se em lixo cultural, destinado a esvaziar a capacidade crítica dos indivíduos, a formar mentalidades idiotas, que, quanto mais idiotas, mais idiotices consumirão, de forma mecânica e acrítica. Enquanto isso, muito dinheiro roda, e valores e representações que interessam à manutenção do *status quo* são perpetuados.

Deixando o exagero de lado, é lógico que esse processo não é linear, existindo nuanças que devem ser cuidadosamente consideradas. Sempre existirão aqueles que se negam a consumir de modo passivo, reagindo às imposições da indústria do entretenimento, buscando alternativas. Não é por acaso que, em muitas cidades, vemos surgir movimentos de valorização das manifestações mais tradicionais. No Rio de Janeiro, temos um exemplo claro com as inúmeras casas de samba e chorinho, que atraem gente de todas as faixas etárias, interessada em curtir um som de boa qualidade.

Em segundo lugar, devemos considerar que também há produções de melhor qualidade na própria indústria do entretenimento, que está mesmo interessada em gerar nichos de mercado, sejam quais forem. Por fim, em última instância, mas não menos importante, os indivíduos têm direito de acessar o que desejam, independentemente de ser considerado de boa ou má qualidade.

De qualquer modo, não devemos negar, mesmo com ressalvas, a força de difusão e a ampla influência desse padrão de organização. Como profissionais de lazer, devemos estar atentos às relações que estabeleceremos com tais manifestações em nossos programas de intervenção. É fundamental pensar em um uso estratégico: não negar, mas trabalhar com e trabalhar a partir de.

Por fim, falemos de um terceiro padrão de organização: a *cultura popular*. Nesse caso, estamos falando de uma produção local, ligada a uma determinada tradição. Como seu poder de influência circunscreve-se a um pequeno espaço, essas manifestações parecem mais frágeis, sobretudo por sofrerem certa desvalorização ou por se tornarem mercadorizadas na lógica da indústria do entretenimento, fenômeno que as afasta de seu sentido original por meio de uma glamorização equivocada. Mesmo afrontada, a cultura popular resiste e reelabora-se constantemente, o que é comum em qualquer dinâmica cultural.

Tomando esses padrões de organização das atividades culturais como baliza, podemos afirmar que o profissional de lazer teria como desafios: difundir os elementos da cultura erudita, possibilitando a todos a descoberta de novas linguagens; difundir os elementos da cultura popular, que se encontram muitas vezes deteriorados ou obliterados pela ação da indústria do entretenimento; e aprender a lidar criteriosamente com os elementos da cultura de massa, procurando direcionar o processo de intervenção pedagógica ao questionamento de sua forma de ação, com base na apresentação de outras possibilidades e no desenvolvimento de perspectivas críticas.

A esse processo de atuação denominamos animação cultural (sendo o primeiro termo originário da palavra latina *anima*, "alma" na língua portuguesa). Assim, encontramos a denominação que julgamos mais adequada para definir com maior rigor epistemológico a natureza do conhecimento e da intervenção do profissional de lazer: animador cultural.

Outros termos são utilizados, com maior frequência inclusive, para nomear o profissional de lazer: recreador, gentil organizador, agente cultural e até professor. Nenhum deles parece definir com tanta precisão o que esperamos ser seu maior compromisso político-pedagógico: educação para e pelo lazer, a partir de uma perspectiva radical de mediação. Observamos também que alguns estudiosos preferem o termo animador sociocultural, sendo utilizado, em geral, com o sentido semelhante ao de animador cultural.

É interessante ressaltar que as duas dimensões educativas não definem, *a priori*, uma atuação cujo compromisso seja o de superação do *status quo*. As abordagens funcionalistas também concordam com o duplo aspecto educativo, adaptando-o à sua visão de mundo. Devemos tomar cuidado para que educar não seja concebido como sinônimo de adaptar os indivíduos à sociedade em vigor, mas sim o processo contrário, de questionamento dessa ordem.

Vamos, então, discutir um pouco mais as possíveis intencionalidades que rondam a animação cultural.

SENTIDOS DA ANIMAÇÃO CULTURAL

Para entender de forma ampla as diversas possibilidades de intervenção da animação cultural, recorremos à classificação proposta por P. Besnard (1991) e aceita por José Antonio Caride Gomez (1997). Segundo esses autores, podemos delinear três grandes perspectivas de atuação: uma que, ao fim, acaba contribuindo para a manutenção da ordem social; outra que entende serem necessárias reformas nessa ordem; uma terceira que intenta promover uma transformação completa dessa estrutura. Passemos a apresentar as características desses três modelos, ou, como chamam os autores, paradigmas: tecnológico, interpretativo e dialético.

No paradigma tecnológico, a animação é encarada como uma espécie de engenharia cultural: o animador observa a realidade, detecta o que está errado nela e coloca as peças no seu devido lugar para restabelecer a ordem. Agindo dessa forma, entende a realidade como algo genérico, único e objetivo, no qual pretende intervir de forma verticalizada, já que se coloca como detentor do saber, portador de um conhecimento instrumental, advindo do domínio de certos conteúdos acadêmicos.

O intuito é provocar, de forma dirigida e eficaz, uma mudança de comportamento, determinando de modo hierarquizado e técnico as posturas que devem ser adotadas, o que acaba por desconsiderar a individualidade dos que estão sendo educados: todos devem se submeter ao estímulo do animador. Esse profissional é responsável, então, por descrever e prescrever todas as ações e soluções que julgar necessárias. Nessa perspectiva, que deixa pouco espaço para a tomada de consciência pelo desenvolvimento das potencialidades individuais e sociais, não existe a pretensão de intervenção na ordem social no sentido de sua superação, mas sim no intuito de adequação.

Tal paradigma é bastante encontrado nos mais diferentes âmbitos de atuação do profissional de lazer. É o recreador que chega à colônia de férias com os quadros de trabalhos prontos e não dá espaço à discussão das crianças. O mesmo acontece em hotéis-fazenda e acampamentos nos quais os hóspedes têm de seguir, sem a opção de escolha, um rígido programa (que lembra mais o mundo do trabalho por seu rigor, inclusive com os horários). Podemos dizer que, lamentavelmente, essa ainda é a postura mais identificável entre os animadores.

Já no paradigma interpretativo, a animação é vista como uma iniciativa de formação cultural, uma estratégia para oferecer aos indivíduos acesso aos bens culturais construídos historicamente. A princípio, a ideia parece ótima, mas os problemas começam a se apresentar quando entendemos melhor as intencionalidades dessa difusão cultural.

Estando no extremo oposto ao paradigma anterior, o interpretativo leva o animador a considerar a realidade como imediata, particular, subjetiva e plural, o que determina uma ação horizontalizada. Se cada um compreende uma coisa e as individualidades são tão múltiplas que devem ser respeitadas a todo custo, cabe ao animador simplesmente apresentar um rol de atividades possíveis, mesmo que, ao estruturar e selecionar os modos de organização, esteja encaminhando os sentidos e significados de tais atividades.

O paradigma interpretativo constitui-se como um avanço em relação ao paradigma tecnológico quando convida a uma reflexão construída a partir da experiência de cada um, buscando uma ação relacional e criadora. Contudo, é bastante ingênuo ao acreditar que basta convidar, ainda mais quando a ordem social induz ao contrário: à inatividade e ao consumo fácil.

Nesse paradigma, o animador interpreta e favorece experiências, acreditando no desenvolvimento individual que poderia contribuir para construir uma ordem social reformada. Porém, a fragilidade de sua proposta de intervenção em um ambiente de lutas simbólicas e materiais acaba por não permitir a projeção dos seus intuitos.

É possível visualizar essa perspectiva de intervenção em muitos museus, centros culturais e instituições patronais, como é o caso do Serviço Social do Comércio. Os animadores culturais montam exposições e espetáculos atraentes, importantes para o desenvolvimento cultural, contudo, o público não é conclamado a tomar decisões e pouco participa da elaboração e organização das propostas. Essas instituições procuram minimizar tal distanciamento com a oferta de guias-instrutores, que, se trazem algum ganho com a apresentação do que está exposto, são também perigosos, pois corremos o risco de acessar a manifestação apenas por um olhar direcionado. Além disso, a iniciativa não é suficiente, por não estar inserida em um esforço de formação contínua e permanente.

Na verdade, as preocupações com a formação de plateia, embora existam, ainda parecem tímidas perante a preocupação com o desenvolvimento das linguagens, que, por sua vez, jamais devem ser banalizadas. Não se trata de facilitar ou fazer concessões ao público, mas sim de pensar em um processo de educação que permita às pessoas compreender e sentir (extraindo maior prazer) as mais diferentes manifestações culturais.

Por último, o paradigma dialético entende a animação como a construção de uma democracia cultural. O animador considera a realidade com base no contexto em que ela se apresenta, tentando interpretá-la de forma global, complexa, dialética e diacrônica, identificando-a como historicamente construída. Está preocupado em situar socialmente conhecimento, sempre em busca de despertar novas consciências.

Esse paradigma propugna que não se trata de impor uma programação de forma vertical, tampouco de apenas oferecer opções, de forma horizontal. Podemos falar de uma postura diagonal, na qual o animador tenta gerar uma reflexão construída e problematizada. Sua preocupação é organizar uma ação comunitária; não se trata de agredir frontalmente as individualidades, mas de educar os indivíduos para o entendimento de que a construção de uma coletividade significa negociações, concessões, mediações. A partir daí, espera-se gerar uma ação transformadora e emancipadora.

Afastando-se de uma postura de vanguarda, o animador não se vê como aquele que "conduz os rebanhos à liberdade", mas sim como aquele que investe na mediação para tentar desvelar e recriar realidades, gerando, em conjunto com o público, alternativas de libertação. Crê na transformação social pelo desenvolvimento de consciência e responsabilidade, que são simultaneamente individuais e coletivas. Devemos chamar a atenção: não se trata de confundir parâmetros desse modelo de ação no âmbito do lazer com os de outras formas de organização política (como a partidária e a sindical).

Tentemos esmiuçar algumas possibilidades de intervenção dentro desse paradigma.

PARA TER SENTIDO TEM DE SER SENTIDO

A educação estética

Do que foi dito até aqui, compreendemos que a animação cultural é um processo de intervenção pedagógica que tem a cultura como preocupação central e as linguagens como ferramentas principais. Entendemos que intervir nesse âmbito significa trabalhar não só com valores, mas também com percepções e sensibilidades. Em outras palavras, existe uma permanente articulação entre ética e estética: certas percepções e sensibilidades podem se ajustar a determinado conjunto de valores ou mesmo contestá-lo, mas muito dificilmente poderão dele prescindir. Ao observar de forma mais complexa e dinâmica tal articulação, é possível dizer que as sensibilidades, simultaneamente, expressam e contestam conjuntos de valores, da mesma forma que os valores reafirmam e contestam determinadas representações. Há uma forte e contínua relação entre forma e conteúdo.

Parece razoável sugerir que não devemos investir excessivamente na construção de novos valores sem ter em conta as possíveis contribuições da interferência no plano das sensibilidades. Devemos tomar cuidado com o fato de que, preocupados em organizar ideias supostamente desorganizadas no senso comum (posição impregnada de um vanguardismo no mínimo petulante), pouco dedicamo-nos à formação e à consolidação dos olhares.

Ao abordar a questão das sensibilidades, lembramos de Friedrich Schiller (1995), filósofo alemão que se preocupou em refletir sobre a educação estética. Para o autor, a educação da sensibilidade é premente e necessária, sendo dimensão fundamental para tornar o conhecimento mais eficaz. Vale a pena dialogar com "Oscar Wilde" (Beckson, 2000): "Anseio pelo tempo em que a estética tomará o lugar da ética e o senso da beleza será a lei dominante da vida. Justamente porque isso jamais acontecerá é que anseio por esse tempo".

Considerando a proposta de Wilde como uma provocação, como bem expressa sua última frase, não podemos concordar que se sobreponham as preocupações estéticas às éticas, até por acreditarmos que a preservação da relativa autonomia de cada uma não implica deixar de buscar o entendimento dinâmico de suas inter-relações. Por certo, também não se trata de restringir à beleza, em sua concepção clássica, o objetivo de uma intervenção no âmbito da estética. Entendemos a estética como o estudo de um modo específico de apropriação da realidade, em que se destacam as questões ligadas à sensibilidade, ainda que vinculadas a outras formas de apropriação e relacionadas às condições históricas, sociais e culturais (isto é, mesmo preservando sua autonomia, guarda certa relação com o extraestético).

A experiência estética não se limita à arte e ao belo. Está também na natureza, na técnica, na indústria, na vida pública ou privada, nos centros de trabalho ou de entretenimento, no lar ou na rua. É mais adequado considerá-la ligada ao conhecimento sensível, onde quer que ele se manifeste.

É fundamental compreender a estética não como uma normatização, nem como uma teorização inútil, mas sim como uma teoria não normativa que pode ajudar no esforço de observação e criação. Deve estar sempre aberta para estimular a procura do novo. Isso é não só uma exigência conceitual, como também uma opção ideológica que permite aceitar o diferente e a diversidade. Tomemos cuidado, portanto, para que não acabe funcionando como um discurso de poucos para poucos. Ela não pode ser um instrumento de repressão, restrição e promoção da separação entre as linguagens e a vida cotidiana.

Um processo de educação estética, de educação das sensibilidades, no mínimo pode induzir os indivíduos a desenvolverem o ato de julgar e criticar por meio do estabelecimento de novos olhares — mais tolerantes e multirreferenciais — sobre a vida e a realidade. Não podemos esquecer que todos estamos submetidos constantemente a perspectivas estéticas, desde as mais simples até as muito complexas, mesmo que nem sempre tenhamos consciência disso. Diariamente, somos instados a nos posicionar sobre a beleza de uma mulher ou de um homem, a escolher determinada cor para um produto do lar, a emitir conceitos sobre um filme ou uma música. Quando tomamos tais decisões, por certo estamos influenciados por nossos pontos de vista estéticos acerca da realidade. Elas estabelecem, inclusive, nossas posições sobre o prazer. Problematizar tais parâmetros pode ser uma das contribuições de um programa de lazer.

Se não há como sobrepor as preocupações estéticas às éticas, não se pode tampouco concordar com a submissão da estética à ética.

Contra a estetização da política não acreditamos ser adequada a politização da estética. Parece interessante o pensamento de Michel Onfray (2001), quando propõe algo mais complexo: uma estética generalizada, que possa ultrapassar a rígida separação entre a arte e a vida, convocando-as a interpenetrarem-se e a interinfluenciarem-se.

Uma estética generalizada por certo buscará responder ao empobrecimento das sensibilidades, processo difundido e estimulado por uma fatia considerável do mercado. Espera movimentação e circulação, descobrindo o pensamento conservador que se estabelece em tal difusão e penetra pelas frestas da sociedade. Entende que a redução da capacidade de pensar está diretamente associada à redução da capacidade de sentir, cujas causa e consequência mais notáveis encontram-se na intolerância à diversidade cultural. Desse modo, compreendemos que a educação estética pode transformar a existência cotidiana, injetando nela o princípio fundamental da liberdade de escolha.

Partindo dessas reflexões, cremos que o animador cultural deva estar muito atento à dimensão da *educação para o lazer*, por vezes até mais do que à *educação pelo lazer*, a qual aliás, quando mal encaminhada, corre o risco de ser extremamente autoritária e aproximar-se de modelos de intervenção pedagógica de outra natureza, como o escolar, ferindo a especificidade da atuação no campo. O animador cultural deve ser fundamentalmente um problematizador de novas experiências estéticas, alguém que, em um processo de mediação e diálogo, pretende apresentar, discutir, induzir e estimular o acesso a novas linguagens; um profissional que educa ao apresentar possibilidades de melhor sorver, acessar e produzir diferentes olhares.

Vale salientar que a experiência estética não se esgota na sensibilidade, no sentimento, na emoção, estando também ligada ao conhecimento, ao intelecto, à razão. Uma posição de equilíbrio é fundamental para pensar o processo de animação cultural. Como afirma Marc Jimenez (1999, p. 24), "trata-se, sobretudo, de procurar a harmonia entre a sensibilidade, a paixão e a razão, de conciliar o dualismo fundamental do homem constituído de natureza e cultura". Este parece ser um desafio fundamental: contestar a rivalidade desnecessária entre razão e sensibilidade. Os extremos dificilmente permitem que a humanidade trilhe um caminho de autonomia e liberdade.

Não se trata de fazer uma opção entre a razão e a emoção, mas de trabalhar no sentido de apontar para uma razão que abandone a pretensão de ser universal e totalizadora, ao mesmo tempo em que considera a sensibilidade portadora de aspectos racionais e geradora de conhecimento. Ao intervir nessa perspectiva, o animador cultural deve perceber que não se trata de catequização, mas de um processo de disponibilização problematizadora de experiências.

Enfim, a educação estética também enfrenta o desafio de evitar ou reverter as rupturas entre as manifestações e o público, e de buscar esclarecer e reconciliar as provocações das linguagens com o gosto a ser educado. Nesse processo, pelos motivos expostos, espera dar contribuições para a construção de uma nova ordem social.

O modo de endereçamento

Adotando esse ponto de vista, não se trata de compreender o animador como um organizador de ideias, mas sim como um desestabilizador de mentalidades/olhares, alguém que procura despertar questionamentos acerca dos modos de endereçamento. Este é um conceito apreendido originalmente dos estudos da comunicação; a questão é discutir como se estabelecem, de forma dinâmica, as relações entre um produto midiático e o público. Sua origem está na inversão da pergunta tradicional sobre o que o espectador busca no que é emitido; ao invés disso, pergunta-se: "Quem este produto pensa que o espectador é? A quem está sendo endereçado?".

Supostamente, uma produção induz seu público a pensar de determinada forma, fornece uma indicação subliminar de uma postura esperada, propagando uma série de valores e intenções. Fazendo um paralelo, se o animador entendesse tal dinâmica, poderia estimular seu público a assistir ao produto de forma a subverter a sua lógica original. Potencializar-se-ia, assim, sua possibilidade de intervenção pedagógica.

Contudo, as coisas não são lineares, em função dos múltiplos significados que o produto assume perante as diferentes histórias e constituições de cada subjetividade. Uma produção é endereçada para alguém imaginado, mas, em geral, é grande a distância entre o ser imaginado e o ser real, até porque um grupo nunca é homogêneo. Não é possível pensar em enquadramentos estanques, nem do ponto de vista da manutenção da ordem social, nem do ponto de vista de sua superação.

Com isso, não estamos dizendo que os modos de endereçamento não tenham influência. Eles não são isentos ou neutros; seduzem e estão diretamente ligados aos intuitos do produtor. Podem procurar enquadrar por relações desiguais de poder, forjando inconscientemente subjetividades específicas e interessantes a determinados projetos. Somente não podemos dizer que se trata de um processo linear, sempre eivado de sucesso.

Obviamente que, se conseguirmos, como animadores culturais, encaminhar modos de endereçamento diferenciados, tendemos a estimular posicionamentos e reflexões também diferenciadas, mas nunca teremos certeza do sucesso dessa empreitada, pois, lembremos, trata-se de um processo complexo. Mais ainda, não se trata de substituir uma alienação em favor da ordem social por outra supostamente contrária a ela, nem de negar ao público as possibilidades de prazer, tão bem trabalhadas de forma dinâmica pela cultura de massa. Se a indústria do entretenimento tem sucesso, é também porque consegue despertar, de modo articulado, prazer e uma representação de prazer que atenda a seus intuitos. Contrapor-se a isso apenas é possível se, paulatinamente, conseguirmos despertar novas possibilidades e novas representações de prazer.

Assim, vale para o animador ficar longe de dicotomias. Desejamos sim contribuir para a formação de pessoas educadas, críticas e informadas, que possam desenvolver novos olhares, mas isso não significa:

- Uma restrição ao produto julgado pelo animador como o mais correto.

- Uma informação linear do que deve ser pensado.
- Que os indivíduos informados não possam enquadrar-se ou que os supostamente não críticos não possam perceber diferenças.

O modo de enquadramento não é estático e depende do uso que o público faz do produto. Qualquer público, em menor ou maior grau e em conformidade com o momento, simultaneamente absorve e repele os valores encaminhados pelos produtos acessados.

Diante de tal complexidade, poderíamos nos perguntar se realmente um filme, uma música ou uma peça de teatro podem contribuir para a construção de uma nova ordem social. E, se sim, como agiria, então, o educador, o animador cultural? Elizabeth Ellsworth (2001, p.43) ajuda a responder à questão:

> O fato de não existir um ajuste exato entre o endereçamento e as respostas torna possível ver o endereçamento de um texto como um evento poderoso, mas paradoxal, cujo poder advém precisamente da diferença entre endereçamento e respostas.

No processo de animação cultural, é fundamental considerar o espaço dessa diferença, tendo em vista ser ele historicamente construído e carregado de imprevistos. Esse espaço se constitui em grande recurso para o animador, desde que este não queira controlar, mas tematizar e estimular o descontrole.

O processo de animação cultural deve sempre dar espaço para as diferentes apreensões, respeitando o indivíduo, suas instabilidades e escolhas, e nunca supervalorizando o coletivo ou uma objetividade somente declarada, e não alcançável. O processo deve ser aberto, garantindo espaço para a escolha, o medo, o prazer, a fantasia. Um programa de animação não é o que deseja o animador, não é o que deseja o público, ele se nutre das reelaborações constantes que surgem do estímulo que o animador encaminha ao (e com o) público e do estímulo que o público oferece ao animador, sem nenhuma pretensão de enquadramento.

A impossibilidade de enquadramento é, na verdade, um grande recurso, e não uma lástima, pois permite a emergência do espaço da não conformidade, da criatividade, da transgressão. Vale destacar que seria de grande valia se o animador cultural também aprendesse com tais reelaborações.

É importante até discutir a própria ideia de mediação e diálogo, sempre tão presente quando se fala na atuação do animador cultural. Se considerarmos que nenhum diálogo é neutro (na medida em que carrega intencionalidades, conscientes ou não), podemos dizer que é, em si, um modo de endereçamento. Logo, se for encaminhado com o objetivo de chegar a uma conclusão comum, estará desconsiderando as diferenças e inadequações que, embora causem tensões, merecem ser respeitadas. O diálogo é sempre necessário, mas deve permitir o surgimento de novas significações.

Enfim, o animador cultural é um educador de sensibilidades que procura bagunçar o instituído ao apresentar possibilidades de reelaboração dos modos de endereçamento. Entretanto, deve tomar muito cuidado para não tentar substituir o estabelecido por uma nova instituição, o que seria inadequado e improvável. A ideia central é a de permitir espaço para as construções subjetivas, de forma mesmo a impedir que a coletividade venha a agredir o indivíduo com mais ênfase que a necessária. Da mesma maneira, reforça que os indivíduos devem aprender a atuar em coletividade.

O papel do sujeito

Uma ideia importante para nossa compreensão é a defesa de um individualismo não egoísta. Gostamos muito da posição do já citado Michel Onfray (2001), quando ataca os coletivismos que submetem de maneira extremada os desejos individuais. O autor crê que o passo inicial para a superação dessa ordem social esteja exatamente na recuperação do papel de sujeitos não submissos *a priori*, isto é, uma construção mais justa somente pode se dar quando tivermos indivíduos fortes e ativos, que possam expressar-se e posicionar-se de maneira explícita, capazes de, efetivamente, envolverem-se em projetos coletivos.

É necessário, logo, dar espaço para a autodescoberta do indivíduo, e isso só será possível pelo questionamento dos excessos de disciplina e controle. Onfray (2001) sugere, então, o hedonismo como princípio, uma alternativa para a mediocridade que insiste em se instalar no cotidiano, mesmo dos supostamente críticos e conscientes. Para esse autor, o hedonismo é uma ética preocupada em realizar o sujeito com o máximo de prazer, evitando o desprazer, por ele mesmo, mas não contra o outro, e sim em conjunto com o outro. Seria uma forma de contestar o ideal ascético, tão comum em nossa sociedade, que acaba restringindo as possibilidades de lazer.

Em um mundo que apresenta a falta de alternativa como normal e os prazeres superficiais e provisórios como suficientes, a proposta de Onfray (2001) parece interessante: é fundamental que ajudemos os indivíduos a perceber que podem obter outras formas de prazer, que podem se descobrir, e que, para tal, não devem se submeter com facilidade.

Por isso, defendemos que, mais que se preocupar em construir uma uniformidade de valores supostamente revolucionários, o animador cultural deve buscar valorizar e ressaltar as diferenças, os diferentes olhares sobre uma realidade.

Onfray (2001) não teme apresentar com clareza uma diferença entre uma atuação política de direita e outra de esquerda, deixando claro que a negação de tal divisão somente interessa à manutenção da ordem social. Entretanto, chama a atenção para que a esquerda não acabe, sob o pressuposto de boas intenções, utilizando os mesmos mecanismos da direita. Para isso, o teórico procura recuperar o que chama de "mística de esquerda", um conjunto de princípios que deve embasar a atuação questionadora do *status quo*.

Dessa maneira, o autor considera que o ideal ascético e disciplinador é uma característica da direita conservadora, enquanto as propostas de esquerda deveriam sempre incorporar um hedonismo contestador. Contrapõe o princípio libertário ao princípio do autoritarismo, alertando que isso deve sempre significar a valorização do desenvolvimento da capacidade de julgamento independente e de ação autônoma.

Cabe ao animador cultural tentar despertar e ampliar em cada indivíduo a descoberta subjetiva do prazer como princípio transformador de vida. É óbvio que todo indivíduo possui a capacidade de sentir prazer e de escolher, mas seria isso um princípio de sua vida? Estaria essa possibilidade minorada, reduzida, acanhada? Trata-se da descoberta de novos princípios, com menos constrangimentos, mais poesia e arte no cotidiano, apoiados em compreensões estéticas diversas, ampliadas e divergentes, e não homogêneas e restritas. Trata-se de uma problematização de prazeres.

Com isso, faz o animador cultural uma opção política clara, repaginada, contudo, se comparada às estratégias tradicionais. A opção de uma guerrilha cotidiana retoma a ideia de um compromisso com a construção de subjetividades fortes o suficiente para tornar possível a destruição de uma coletividade que encontra sua força exatamente na opressão e na submissão dos indivíduos. O intuito final: construir um novo coletivo que possa ser mais adequadamente a expressão de uma ampla participação dos indivíduos.

Para saber mais

⇪ Não há muitos livros sobre a animação cultural no Brasil, ao contrário do que ocorre em países como Portugal, Espanha e França. Uma boa alternativa é buscar alguns artigos disponíveis na revista científica de lazer, a *Licere*, disponível em: http://www.eeffto.ufmg.br/licere.

⇪ Duas sugestões de livros: *Pedagogia da animação*, de Nélson Carvalho Marcellino (Papirus, 1989), e *A animação cultural: conceitos e propostas*, de Victor Andrade de Melo (Papirus, 2006).

CAPÍTULO 5

O PROFISSIONAL
DE LAZER

O homem que em sua atividade profissional está ligado somente a um pequeno fragmento isolado do todo adquire apenas uma formação fragmentária; tendo eternamente nos ouvidos só o ruído monótono da roda que faz girar, nunca desenvolve a harmonia de seu ser, e em lugar de imprimir em sua natureza a marca da humanidade, ele somente é um reflexo de sua profissão, de sua ciência.

A educação estética do homem (1795), Friedrich Schiller

O ANIMADOR CULTURAL: OLHA ELE AÍ!

Já são comuns as preocupações referentes à formação do profissional de lazer. Vale lembrar, entre outras iniciativas, a realização de eventos com temática específica e a publicação de artigos em livros, anais de eventos e periódicos.

Na área empresarial, aquela que se preocupa com a formação do gestor/administrador, vemos também surgir várias iniciativas. Podemos dar o exemplo do crescimento do número de MBAS (*Master of Business Administration*) ligados ao entretenimento. Outro indício interessante é o oferecimento de cursos ligados a marketing e a produção cultural, algo relacionado ao fato de que esse mercado tem avançado notavelmente no Brasil nos últimos anos.

Nas áreas artísticas (música, cinema, artes plásticas), se não percebemos com frequência uma discussão específica ligada ao lazer, podemos identificar preocupações com a preparação do profissional que servirá como intermediário entre o grande público e as obras: o professor de educação artística, o mediador cultural ou o monitor de exposições, que também podem atuar como animadores culturais.

Todas essas importantes contribuições, de pontos de vista e visões de mundo diversas, procuram apontar os caminhos, os desafios, os limites e as perspectivas para preparar o profissional de lazer que atuará nos mais variados campos de intervenção. Contudo, somos forçados a admitir que:

- Ainda estamos longe de compor um quadro seguro de reflexões relativas à boa qualidade de formação.
- Grande parte dos profissionais de lazer atuantes no mercado não teve acesso a uma formação sólida, e ainda atua de forma, no mínimo, simplista, para não dizer equivocada.

Não por acaso, persistem as mais diferentes denominações para designar o profissional de lazer: recreador, dinamizador, agente cultural, gentil organizador, professor (o que seria uma impropriedade e uma reprodução da realidade escolar). No capítulo anterior, já defendemos e explicamos nossa opção pela denominação animador cultural, que, a nosso ver, explicita melhor os desafios e a natureza do que acreditamos ser a perspectiva mais adequada de intervenção.

Alguns fatores, por certo, dificultam a implementação de uma formação de melhor qualidade:

- A tradição histórica, que, muitas vezes, ainda confunde a atuação no âmbito do lazer com o simples oferecimento de uma série de atividades. Por isso é comum encontrar cursos e livros que nada mais fazem que apresentar um repertório de brincadeiras, sem uma discussão teórica mais consistente. Em alguns espaços, podemos dizer que esse ainda é o pensamento hegemônico.
- A compreensão equivocada de que atuar na área de lazer é fácil e de que qualquer um pode assumir tal função, bastando ter algumas características de personalidade (ser divertido, ter carisma) e saber muitas brincadeiras.

- As características multifacetadas do mercado de atuação profissional. Imagine a dificuldade de formar um profissional que possa atuar em clubes, ruas de recreio, colônias de férias, hospitais, festas infantis, acampamentos, museus e centros culturais, interferindo tanto diretamente, como animador do público-alvo, quanto indiretamente, como gestor/administrador de atividades, entre outros papéis possíveis.
- O caráter multidisciplinar da temática. Diversas áreas de formação estão relacionadas com a atuação profissional: educação física, dança, artes plásticas, música, teatro, cinema, psicologia, sociologia, comunicação social, administração e turismo, entre outras.
- A desvalorização do profissional, que se faz notar até pela ausência de uma regulamentação explícita relacionada com jornada de trabalho, salário, condições de atuação etc.
- O perfil exigido do profissional, complexo em função da peculiaridade do campo de atuação.

Com todas essas especificidades, uma pergunta se faz necessária: teria um único profissional condições de atuar efetivamente em todos os cinco campos de interesse citados no Capítulo 3? De fato, se o âmbito de atuação do lazer não pode ser entendido por uma ótica disciplinar, o ideal seria montar uma equipe multidisciplinar, que, atuando em conjunto, comporia o programa com base em diversas experiências e visões. Nesse caso, resta o desafio do diálogo entre profissionais de áreas de formação diferenciadas, uma tarefa nem sempre fácil, já que não somos estimulados constantemente a um tipo de contato que ultrapasse as rígidas fronteiras disciplinares/ acadêmicas.

Lamentavelmente, nossa experiência demonstra que não é um fato comum a composição de equipes multidisciplinares. Em geral, a responsabilidade de planejamento, execução e condução do trabalho fica nas mãos de um único profissional, ligado a uma área específica, majoritariamente a de educação física, embora já seja observável um aumento da participação de egressos de outras áreas, sobretudo da área artística (teatro, música, artes plásticas etc.) e do turismo.

76 • INTRODUÇÃO AO LAZER

Assim, resta-nos oferecer algumas sugestões aos profissionais que se deparam com a situação de assumir a responsabilidade exclusiva pela condução do trabalho. Primeiro, que reivindiquem a incorporação de outros colegas à equipe, diversificando as possibilidades de atuação. Segundo, que procurem sempre aprofundar seus conhecimentos teóricos no campo do lazer, aprimorando-se em direção a uma atuação consciente e efetiva. Por fim, que, na medida do possível, procurem se informar e capacitar para, com competência, desenvolver conteúdos ligados a outros campos que não os de sua formação original.

Mas, afinal, quais são as características e o perfil esperado do animador cultural? Passemos ao próximo tópico.

O ANIMADOR CULTURAL. QUEM É ELE?

Não pretendemos, aqui, traçar um quadro rígido que delimite as características pessoais (de personalidade) do profissional de lazer, tampouco desejamos nos prender a características genéricas, que deveriam ser comuns a qualquer categoria, como responsabilidade, bom senso, respeito às diferenças e compreensão dos aspectos éticos. O que pretendemos é, tendo em vista as peculiaridades da atuação no âmbito do lazer, apresentar algumas características específicas que devem ser buscadas pelo animador cultural e que podem servir de parâmetro para os responsáveis pela formação profissional.

Quanto à postura profissional

Espera-se que o animador cultural:

- *Formação* – Proponha-se a romper os limites de sua formação acadêmica original; mantenha disposição para dialogar com outros profissionais e compreender as possibilidades de intervenção de outras linguagens.
- *Liderança* – Entenda que liderar significa conduzir equipes para o desenvolvimento de seu potencial criativo, estimulando a participação crítica e ativa, proporcionando condições seguras para

tal desenvolvimento. Mais ainda, tente constantemente entabular, de forma construtiva, processos de avaliação (tanto individual quanto coletiva), tendo em vista a superação qualitativa das propostas apresentadas. Compreenda que o programa de lazer deve ser traçado não para o público, mas em conjunto com o público; a perspectiva de mediação sem dúvida vai exigir que o animador seja um líder democrático, e não autoritário.

- *Comunicação* – Disponha-se a estabelecer contatos frequentes, tanto com o público-alvo quanto com profissionais de outras áreas, objetivando a articulação de propostas multidisciplinares. Claro que carisma e capacidade de lidar com público não são dimensões suficientes, mas não podemos negar que sejam características importantes. Ou alguém espera chegar a um espaço de lazer e encontrar um animador chato, mal-humorado e impaciente? Por certo, não.

- *Criatividade* – Alimente a capacidade de inovar, criar e recriar em suas propostas, além da capacidade de dialogar com seu público e descobrir alternativas para a composição de seu programa de intervenção.

- *Organização* – Instaure uma visão estratégica de sua atuação, desenvolvendo a capacidade de planejar, operacionalizar e avaliar projetos/programas a curto, médio e longo prazo.

- *Atualização* – Empenhe-se na busca de atualização permanente, nutrindo o gosto pela leitura e pela aquisição de informação, tanto no que se refere à formação técnica, quanto no que se refere ao cotidiano.

- *Senso crítico* – Capacite-se para identificar a sociedade desde uma perspectiva diacrônica, percebendo como as diferenças sociais influenciam seu trabalho, construindo, assim, uma prática responsável de inclusão social e de contribuição para a superação do *status quo*.

Quanto ao domínio de conteúdos

Espera-se que o animador cultural:

- *Linguagens* – Considere que as diversas manifestações culturais (esportes, artes plásticas, música, cinema, teatro etc.) devem ser compreendidas como fenômenos socioculturais, com todas as peculiaridades e contradições advindas de sua inserção em uma sociedade de consumo. As múltiplas linguagens devem, acima de tudo, ser encaradas como estratégias de intervenção pedagógica, e não um fim em si mesmas.
- *Lazer* – Entenda a atuação de lazer não como mera ocupação inconsequente do tempo livre, mas como uma intervenção pedagógica no âmbito da cultura, que, mesmo preservando as características intrínsecas de prazer e diversão, pode trazer contribuições significativas para a melhoria da qualidade de vida do público-alvo e para a construção de uma sociedade mais justa.
- *Cultura* – Compreenda a cultura como um conjunto de valores e normas, não somente como uma série de manifestações. Entenda as peculiaridades, a importância e as diferentes formas da apresentação das manifestações em nossa sociedade, notadamente no que se refere às tensões que se estabelecem entre os seus padrões de organização.

ANIMADOR CULTURAL. COMO PENSAR EM SUA FORMAÇÃO?

Tomando como diretriz as características discutidas nos tópicos anteriores, apresentaremos algumas sugestões para aqueles que desejam se preparar para atuar como animador cultural e para os responsáveis por tal formação. Vale destacar que o animador cultural não será formado necessariamente nos bancos das universidades. Independentemente da titulação, é preciso que o indivíduo passe por um processo confiável de preparação, o qual pode ser desenvolvido em diferentes níveis e espaços.

Existem iniciativas interessantes de formação nos níveis técnicos do ensino médio, no nível de graduação e mesmo em experiências não ligadas à formação escolar clássica, por exemplo, na preparação de líderes comunitários de lazer, implementada por organizações não governamentais (ONG), ou na realização de cursos livres em entidades como o Serviço Nacional de Aprendizagem Comercial (Senac) e o Serviço Nacional de Aprendizagem Industrial (Senai). Além disso, ainda existem os cursos de pós-graduação *lato sensu* (especializações). O importante é que, em todos esses ambientes, mesmo que com diferenças decorrentes de faixa etária e grau de formação dos alunos, alguns parâmetros devem ser observados.

Afirmamos que é imprescindível articular três iniciativas para compor uma formação de qualidade:

- A discussão dos aspectos teóricos do lazer e da cultura, em suas mais diferentes dimensões (obviamente devemos procurar articular o conjunto de informações teóricas com a prática cotidiana da animação cultural).
- A discussão das mais diferentes linguagens e de suas possibilidades de incorporação a um programa de animação cultural.
- O estímulo à formação cultural dos alunos.

Nesse processo, cremos que uma das dimensões mais negligenciadas tem sido exatamente a formação cultural do futuro profissional de lazer. Parece-nos fundamental, para alguém que pretenda trabalhar no âmbito da cultura (como é o caso do profissional de lazer), a aquisição de uma visão ampla, atualizada, desprovida de preconceitos e tecnicamente bem elaborada sobre as mais diversas manifestações/linguagens culturais. Isso, de modo algum, reduz a importância dos outros aspectos de formação do animador (como boa compreensão teórica do assunto e entendimento político da sociedade), mas, indubitavelmente, uma formação cultural adequada é desejável, inclusive por sua função de articulação com as outras dimensões fundamentais à definição da qualidade de intervenção pedagógica no campo do lazer.

Um dos fatores dificultadores do processo de formação é o próprio perfil do aluno. Vale a pena sempre nos interrogarmos quem é o indivíduo que pretende atuar como animador cultural e quais são seus hábitos culturais. No caso de universitários, devemos considerar a acentuada e progressiva deficiência dos ensinos fundamental e médio brasileiros, marcados, na maior parte das escolas do país, pela ausência de estímulo, pela insuficiência e pobreza de informação. O quadro é agravado pela própria universidade, que, cada vez mais, abre mão de seu papel de difusora e geradora de cultura, constituindo-se, geralmente, em nada mais que uma grande escola de terceiro grau, ou seja, em mera extensão da deficiente formação oferecida nos níveis anteriores.

Aqui se levanta uma nova reflexão: mais que fundamental para o futuro animador, a formação cultural destina-se ao cumprimento do papel central da universidade e do processo educacional em geral.

Investigações diversas, realizadas em diferentes instituições, mostram que os alunos frequentam pouco cinemas, teatros, centros culturais, museus etc. Dois são os argumentos comumente apresentados para a justificativa dessa ausência: falta de recursos financeiros e distância entre a residência e os equipamentos. Por certo são argumentos válidos e que não devem ser desprezados, mas devemos fazer os alunos refletirem sobre sua frequência em outras atividades também distantes de casa, assim como sobre seu investimento em outras práticas de diversão. Procuramos, assim, estimulá-los à percepção de que aí reside uma questão de escolha e, em última instância, de educação.

Como formar um profissional que assuma o papel de educador de sensibilidades quando nossos jovens estudantes não se submetem a tal processo e possuem uma formação cultural (pelo menos no que se refere às manifestações artísticas) alarmantemente restrita? Quem será esse animador que não incorpora à própria vida o processo de animação? Tenderá a uma atitude tarefista e conservadora? Muito provavelmente, sim.

Portanto, para preparar e sensibilizar os futuros profissionais de lazer, não basta falar do processo de animação; é necessário estimulá-los à participação direta nesse processo, oportunizando experiências de ampliação de sua vivência cultural. Entendemos que as atividades dos diversos cursos de formação, para além da exclusiva preocupação com a discussão teórica em sala de aula, devem promover o estímulo à compreensão de que a preparação do profissional de lazer inclui um conjunto maior de referências, expandindo os espaços e as iniciativas de formação para além dos limites tradicionalmente instituídos.

Podemos, assim, implementar uma intervenção complexamente articulada: ao mesmo tempo em que o aluno ouve, discute e informa-se sobre o processo de animação cultural, ele vivencia essa possibilidade de interferência que, além de contribuir para sua formação (já que apresenta informações técnicas sobre as manifestações artísticas), permite--lhe experimentar as dificuldades de tal possibilidade de educar.

TERMINANDO SEM CONCLUIR

Uma das críticas que se pode fazer a essa proposta é o fato de ela não atender exatamente a uma boa formação do profissional de lazer, na medida em que os aspectos técnicos dividem espaço com outras experiências e conteúdos. Esse tipo de alegação pode vir tanto daqueles que pretendem enquadrar rigidamente a formação na lógica do mercado, quanto daqueles que pretendem constituí-la em um foco de intervenção crítica, mesmo que muitas vezes centrados na preponderância da questão dos valores.

Para os "apóstolos do mercado", declaramos que discordamos frontalmente da noção de que a formação profissional, em qualquer nível, sirva a tais interesses. Claro que não se pode esquecer das demandas imediatas da profissão, mas devemos esperar muito mais que isso. A formação deve ser também uma oportunidade para o aluno aprender a interferir no mercado e na ordem social, ainda que esteja imerso nesse contexto. Bem afirma André Lázaro (2001, p. 15):

> O Brasil está acostumado a deixar de lado o essencial para atender o emergencial, e essa escolha, no campo da cultura, tem efeitos absolutamente desastrosos a médio e longo prazos. [...] Esse efeito [...] está se traduzindo numa pressão crescente para que as universidades abandonem a expectativa de formação de seus alunos em favor de uma resposta muito imediatista em cima de questões mercadológicas.

Quanto àqueles que acreditam no esvaziamento dos discursos críticos, afirmamos ser isso um equívoco. Não cremos ser possível nenhuma construção no âmbito da cultura que deixe de considerar simultaneamente valores e representações/sensibilidades, sendo falho ter em conta somente um desses aspectos. As experiências são fundamentais no processo de reflexão e de consolidação dos discursos, sob o risco de termos belos discursos vazios de consistência e incoerentes com suas representações da realidade. Basta de discursos avançados pronunciados por indivíduos conservadores no olhar e na prática.

Como acreditamos em um modelo de educação aberta, que permita reelaborações subjetivas constantes, tendemos a concordar com Elizabeth Ellsworth (2001, p. 48) quando afirma que:

> [...] algumas pedagogias e alguns currículos talvez funcionem com seus alunos não por *aquilo* que ensinam ou pela maneira *como* ensinam, mas pelo *quem* que colocam à disposição dos estudantes — um *quem* que estimula sua imaginação a serem e agirem de uma determinada maneira.

É eficaz essa proposta? Sinceramente não temos certeza de que seja, mas, de modo provocativo, podemos afirmar que, ao final dos cursos, no mínimo o aluno teve acesso a uma gama de conteúdos e manifestações que talvez não constitua para ele um discurso muito bem elaborado, mas parece funcionar como forte elemento de sensibilização para a prática profissional futura e para o desenvolvimento de uma nova postura como cidadão, contemplando a perspectiva de que se deve ensinar também para a vida, para além dos limites laborais. Obviamente sempre tendo em vista que:

> Não importa quão cuidadosamente os objetivos sejam estabelecidos, os currículos planejados e implementados, não existe nenhuma garantia de que as subjetividades e os conhecimentos sociais oferecidos aos alunos serão apropriados de acordo com a intenção com que foram imaginadas. Pois não se trata apenas do fato de que as subjetividades são sempre problematicamente ocupadas, mas de que elas também têm de passar pela

"emaranhada e confusa dinâmica do desejo, da fantasia e da transgressão".
(O'Shea, apud Ellsworth, 2001, p. 54)

PARA SABER MAIS

Diversos livros têm abordado com maior profundidade a questão da formação do profissional de lazer:

- *Lazer em estudo: currículo e formação profissional*, organizado por Hélder Ferreira Isayama (Papirus, 2010).

- *Lazer e mercado*, organizado por Hélder Ferreira Isayama, Edmur Stoppa e Christianne Gomes (Papirus, 2011).

- *Lazer: formação e atuação profissional*, organizado por Nélson Carvalho Marcellino.

- Besnard, P. (1991). *La Animación Sociocultural*. Barcelona: Paidos Educador.

CAPÍTULO 6

LAZER:
O CAMPO ACADÊMICO

Para concluir o livro, apresentamos um panorama da organização do campo acadêmico do lazer. Por se tratar de um tema multidisciplinar, perceberá o leitor que tentamos apresentar, dentro do possível, iniciativas de diferentes áreas de conhecimento, embora a maioria, em razão da trajetória histórica, ainda seja ligada à Educação Física e, mais recentemente, ao Turismo.

Como não seria possível apresentar a totalidade das iniciativas, assim optamos por apresentar aquelas mais reconhecidas, acessíveis e consolidadas. O fato de um grupo de pesquisa, periódico ou qualquer outra coisa não ter sido citado não significa que o julgamos de menor importância. Simplesmente, por questão de espaço, optamos por estabelecer uma seleção segundo os critérios mencionados anteriormente.

GRUPOS DE PESQUISA

No que se refere aos grupos de pesquisa, na primeira edição deste livro, usamos os dados do censo realizado pelo Conselho Nacional de Desenvolvimento Científico e Tecnológico (CNPq) realizado no ano de 2002. Para esta edição atual, trabalhamos com os dados da base Diretório dos Grupos de Pesquisa/2011. Uma comparação inicial já nos permite perceber o aumento do interesse acadêmico pelos estudos do lazer.

Constatamos que houve um aumento do número de grupos cadastrados cujos líderes, em algum momento, informam alguma vinculação com o tema: alguns apresentam já em seu título a palavra lazer;

outros só a inserem em seus objetivos ou nas palavras-chave; há ainda aqueles que dedicam ao lazer uma ou mais linhas de pesquisa. Em 2002, havia 31 grupos cadastrados, 17 com o termo no nome, ao passo que em 2011 são 205, sendo 46 com o termo no nome; um crescimento de mais de 600%. É importante registrar que, nesse ínterim, alguns grupos deixaram de existir ou mudaram de denominação.

No que concerne à concentração em instituições públicas ou privadas em 2002, eram somente 25 nas primeiras (81%) e 6 nas segundas, enquanto, em 2011, esse quadro passou a ser de 175 (85%) e 30, respectivamente. No que se refere à distribuição regional, em 2002, assim se encontravam os grupos: sudeste – 56%; sul e nordeste – 22%; centro-oeste e norte – não havia ocorrência. Já em 2011: sudeste – 40%; sul – 19%; nordeste – 25%; centro-oeste – 9%; norte – 7%. Como se pode perceber, houve um aumento sensível da distribuição pelas regiões.

Ainda é significativa a concentração de grupos na área de Educação Física: 95 – vale lembrar que parte dos grupos ligados à Educação (26) tem relação com esta última área. Destaca-se também o Turismo: 22 grupos. Na área das Ciências Sociais e Humanas, o tema é discutido em grupos de Antropologia (10), Psicologia (7), Sociologia (6), Serviço Social (1), Artes (1) e História (1). Vale destacar aqueles que estão nas áreas de Planejamento Urbano (6), Arquitetura (3), Geografia (4), Ecologia (1). Finalmente, há iniciativas na Administração (3) e na Economia (2), bem como em áreas da saúde, a saber: Saúde Coletiva (3), Fisioterapia e Terapia Ocupacional (1) e Medicina (1).

Apresentamos, a seguir, alguns grupos, por estado.

Ceará

Otium – Estudos Multidisciplinares sobre Ócio e Tempo Livre
Criado em 2009, liderado por José Clerton de Oliveira Martins, está ligado ao Programa de Pós-graduação em Psicologia da Universidade de Fortaleza (Unifor). Possui duas linhas de pesquisa: "Ócio e contemporaneidade" e "Ócio, trabalho e tempo social".

Minas Gerais

Desenvolvimento Humano: Processos Cognitivos e Intencionais
Luciana Karine de Souza e Gustavo Gauer são os líderes deste grupo, criado em 2007, ligado ao Departamento de Psicologia da Faculdade de Filosofia e Ciências Humanas (Fafich) da Universidade Federal de Minas Gerais (UFMG). De suas cinco linhas de pesquisa, duas focam o lazer: "Lazer, cidade e grupos sociais" e "Lazer, formação e atuação profissional".

Grupo de Estudos sobre Futebol e Torcidas (GEFuT)
Criado em 2008, tem Silvio Ricardo da Silva como líder e está ligado ao Departamento de Educação Física da UFMG. Possui três linhas de pesquisa: "Torcer e educação", "Torcer, identidade e grupos sociais" e "Torcer, cidade e espetáculo esportivo", esta última mais relacionada aos estudos do lazer.

Ludens – Laboratório de Estudos e Pesquisa do Lazer
O grupo foi criado em 2007 e é liderado por Luciano Pereira da Silva; está sediado na Faculdade de Educação Física da Universidade Estadual de Montes Claros (Unimontes). Possui duas linhas de pesquisa: "Lazer e sociedade" e "Observatório de políticas públicas de esporte e lazer".

Núcleo de Estudos sobre o Corpo (NEC)
Criado em 2006, na Universidade Federal de Ouro Preto (Ufop), tem Maria Cristina Rosa como líder. Possui três linhas de pesquisa, sendo uma delas diretamente relacionada ao tema (Estudos do lazer).

Oricolé – Laboratório de Pesquisa sobre a Formação e Atuação Profissional em Lazer
Liderado por Hélder Ferreira Isayama e André Maia Schetino, criado em 2009, está sediado no Departamento de Educação Física da UFMG. Possui três linhas de pesquisa: "Lazer e mercado de trabalho", "Lazer, formação profissional e currículo" e "Políticas públicas de lazer".

Otium – Lazer, Brasil & América Latina

Criado em 2007, este grupo tem Christianne Luce Gomes e Rodrigo Antonio Elizalde-Soto como líderes; está sediado na Escola de Educação Física, Fisioterapia e Terapia Ocupacional (EEFFTO) da UFMG. Possui duas linhas de pesquisa: "Lazer, interculturalidade e educação no Brasil e na América Latina" e "Lazer no Brasil e América Latina: conhecimento, formação, política e intervenção".

Paraná

Grupo de Estudos do Lazer (GEL)

Criado no ano de 2000, é liderado por Giuliano Gomes de Assis Pimentel e Alcyane Marinho; está sediado no Departamento de Educação Física da Universidade Estadual de Maringá (UEM). Possui duas linhas de pesquisa: "Formação e atuação profissional" e "Práticas corporais de aventura".

Grupo de Estudos e Pesquisas Marxismo, História, Tempo Livre e Educação Física

Criado em 2007, este grupo tem a liderança de Elza Margarida de Mendonça Peixoto e Máuri de Carvalho Freitas; está sediado no Departamento de Ginástica, Recreação e Danças da Universidade Estadual de Londrina (UEL). Possui quatro linhas de pesquisa, uma delas diretamente ligada ao tema: "Produção do conhecimento referente aos estudos do lazer no Brasil".

Pernambuco

Núcleo Interdisciplinar de Estudos do Lazer (Niel)

Criado em 1996, está ligado ao Departamento de Educação Física da Universidade Federal de Pernambuco (UFPE) e tem como líderes Tereza Luiza de França e Katia Brandão Cavalcanti. Possui sete linhas de pesquisa, sendo as mais identificadas com o lazer: "Educação, corporeidade, lazer", "Educação, trabalho, lazer", "Lazer, educação, cultura, etnicidade"e "Lazer, natureza, ecossistema e políticas públicas".

Rio de Janeiro

Economia do Entretenimento

Criado em 1999, está sediado no Instituto de Economia (IE) da Universidade Federal do Rio de Janeiro (UFRJ) e é coordenado por Fábio Sá Earp. Possui três linhas de pesquisa, cuja relação com o lazer está intrínseca em todas elas: "Economia do entretenimento", "Laboratório do audiovisual" e "Laboratório do livro".

Envelhecimento e Atividade Física

Liderado por Edmundo de Drummond Alves Junior, criado em 2004, está localizado no Departamento de Educação Física da Universidade Federal Fluminense (UFF). Possui cinco linhas de pesquisa, sendo três mais ligadas ao lazer: "Envelhecimento e as atividades de lazer e prevenção de quedas" e "Educação física, lazer e intergeracionalidade".

Esportes, Lazer e Natureza

Liderado por Cleber Augusto Gonçalves Dias e Edmundo de Drummond Alves Junior, criado em 2010, está sediado no Departamento de Educação Física da UFF. Possui duas linhas de pesquisa: "Esportes na natureza e fenômenos urbanos" e "História do lazer na natureza".

Sport: Laboratório de História do Esporte e do Lazer

Criado em 2006, é liderado por Victor Andrade de Melo e Maurício Drummond e ligado ao Programa de Pós-graduação em História Comparada da UFRJ. Possui cinco linhas de pesquisa, todas dedicadas ao tema (ainda que mais relacionadas ao esporte): "História comparada do esporte", "História econômica do esporte", "História política do esporte", "História cultural do esporte" e "Memória social do esporte".

Rio Grande do Norte

Base de Pesquisa Corporeidade e Educação (Bacor)
Criado em 1995, tem como líderes Edmilson Ferreira Pires e Ágrio de Oliveira Chacon Filho. Está localizado no Departamento de Educação Física da Universidade Federal do Rio Grande do Norte (UFRN). De suas linhas de pesquisa, uma delas tem mais relação com o tema: "Lazer e qualidade de vida".

Rio Grande do Sul

Grupo de Estudos Socioculturais em Educação Física
Formado em 2001, é liderado por Marco Paulo Stigger e está sediado no Programa de Pós-graduação em Ciências do Movimento da Escola de Educação Física da Universidade Federal do Rio Grande do Sul (UFRGS). Possui uma linha de pesquisa: "Representações sociais do movimento humano".

Núcleo de Pesquisas sobre Culturas Contemporâneas
Criado em 1996, coordenado por Ruben George Oliven e Arlei Sander Damo, está ligado ao Programa de Pós-graduação em Antropologia Social da UFRGS.

Santa Catarina

Labomidia – Laboratório e Observatório da Mídia Esportiva
Criado em 2003, liderado por Giovani De Lorenzi Pires e Fernando Gonçalves Bitencourt, está sediado no Departamento de Educação Física da Universidade Federal de Santa Catarina (UFSC). Possui três linhas de pesquisa, uma delas mais relacionada ao lazer: "Estudos dos meios e processos midiáticos".

São Paulo

Grupo Interdisciplinar de Estudos do Lazer

Criado em 2008, é liderado por Ricardo Ricci Uvinha e Edmur Antonio Stoppa; está sediado na Escola de Artes, Ciências e Humanidades da Universidade de São Paulo (EACH – USP Leste). Possui duas linhas de pesquisa: "Promoção da atividade física e do lazer" e "Lazer, interdisciplinaridade e suas múltiplas relações na sociedade".

Grupo de Pesquisas em Lazer (GPL)

Criado no ano de 2001, é liderado por Nelson Marcelino e Edmur Antonio Stoppa, tendo como sede o Curso de Mestrado em Educação Física da Faculdade de Ciências da Saúde da Universidade Metodista de Piracicaba (Unimep). Possui cinco linhas de pesquisa: "Corporeidade e lazer", "Formação e desenvolvimento de pessoal para atuação em esporte recreativo e lazer", "Lazer e meio ambiente", "Movimento Humano" e "Lazer e Educação".

Laboratório de Estudos do Lazer (LEL)

Criado no ano de 2000, tem como líderes Gisele Maria Schwartz e Alcyane Marinho. O grupo localiza-se no Departamento de Educação Física do Instituto de Biociências de Rio Claro da Universidade Estadual Paulista Júlio de Mesquita Filho (Unesp). Possui duas linhas de pesquisa: "Estados emocionais e movimento" e "Tecnologia, corpo e cultura".

Núcleo de Estudos de Fenomenologia em Educação Física

Criado em 1996, está abrigado no Departamento de Educação Física e Motricidade Humana da Universidade Federal de São Carlos (UFSCar); tem como líderes Luiz Gonçalves Junior e Glauco Nunes Souto Ramos. Possui cinco linhas de pesquisa, duas mais ligadas à temática lazer: "Estudos socioculturais do lazer" e "Práticas sociais e processos educativos".

Política Pública e Lazer

Sediado no Departamento de Educação Motora da Faculdade de Educação Física da Universidade Estadual de Campinas (Unicamp), este grupo, criado em 2002, tem Silvia Cristina Franco Amaral como líder. Possui três linhas de pesquisa: "Lazer e política", "Lazer e práticas do cotidiano"e "Lazer, política e educação".

Núcleo de Antropologia Urbana (NAU)

Criado em 1988, ligado ao Departamento de Antropologia da Faculdade de Filosofia, Letras e Ciências Humanas (FFLCH) da USP, é coordenado por José Guilherme Cantor Magnani. O núcleo não aparece no diretório do CNPq como um dos que têm interesse na temática lazer, entretanto a sua importância para o campo é inegável.

ASSOCIAÇÕES

A seguir, apresentamos as associações que pretendem agrupar pesquisadores interessados no tema e que vêm promovendo com regularidade eventos que visam fomentar a discussão e difundir conhecimentos no âmbito do lazer.

World Recreation Leisure Association (WRLA)

Com sede no Canadá, foi criada em 1956 com o nome de International Recreation Association, passando, a partir de 1973, a adotar a nova denominação. Seu objetivo é congregar pesquisadores de todo o mundo. Publica um jornal e promove, a cada dois anos, um congresso mundial.

Associação Latino-americana de Tempo Livre e Recreação (Alatir)

Existem entidades continentais ligadas à WRLA; a Alatir é uma delas, sendo responsável por organizar os pesquisadores da América Latina e por estimular a criação de novas associações em plano nacional. Atualmente encontra-se pouco ativa.

Foro Permanente de Tiempo Libre Y Recreación

Movimento latino-americano que congrega pesquisadores e profissionais ligados ao tema. Tem sede em Montevidéu e tem realizado muitas ações com a Rede Iberoamericana de Animación Sociocultural.

Rede Iberoamericana de Animación Sociocultural (RIA)

Reúne pesquisadores e profissionais iberoamericanos interessados em discutir a animação cultural. Possui sede em Salamanca e organiza congressos a cada dois anos. Possui uma revista, a *Animador Sociocultural: revista iberoamericana*.

Grupo de Trabalho Temático de Lazer — Colégio Brasileiro de Ciências do Esporte (GTT/CBCE)

O Brasil não possui uma associação nacional ativa, mas, no âmbito do Colégio Brasileiro de Ciências do Esporte (CBCE), entidade científica que congrega interessados em discutir a educação física e o esporte, está organizado um grupo de trabalho específico (GTT) para tratar dos assuntos ligados ao lazer. O CBCE organiza congressos nacionais a cada dois anos e, periodicamente, congressos regionais/estaduais, sempre com a participação ativa do GTT de lazer. A temática é também frequentemente abordada no periódico científico daquela entidade: *Revista Brasileira de Ciências do Esporte*.

Associação Brasileira de Bacharéis de Turismo (Abbtur) e Associação Nacional de Pesquisa e Pós-graduação em Turismo (Anptur)

Assim como o CBCE, essas duas associações da área de Turismo constantemente discutem o tema lazer em suas iniciativas.

CURSOS DE FORMAÇÃO

Cursos livres e cursos técnicos

Existem vários cursos livres oferecidos por entidades diversas e/ou em eventos específicos. Como já comentamos no decorrer do livro, nem sempre se pode atestar a qualidade dessas iniciativas. Por sua tradição, pela busca de qualidade e por sua organização, julgamos que a entidade mais empenhada em atingir o objetivo de uma formação de qualidade para o profissional de lazer seja o Serviço Nacional de Aprendizagem Comercial (Senac). Contudo, devemos fazer duas ressalvas: de um estado para outro existem diferenças entre os cursos ministrados; destacamos aqui a atuação do Senac São Paulo; ao apontarmos o Senac como entidade que busca com seriedade atuar na formação profissional, não estamos dizendo que concordamos com todo o processo que a entidade implementa, mas reconhecendo seu compromisso e sua longa tradição.

Graduação

Grande parte dos profissionais de lazer continua sendo preparada no âmbito de cursos de graduação disciplinares, notadamente nas escolas/faculdades de Educação Física e Turismo. Claro que a qualidade dessas disciplinas, a abordagem teórica e a quantidade de conteúdos são muito heterogêneas se considerarmos todas essas instâncias de formação, ainda mais quando verificamos a quantidade desses cursos espalhados pelo Brasil.

Cursos específicos de Lazer ainda são raros no país, mas já encontramos três em universidade públicas: Universidade Federal do Amazonas, com o nome de Educação Física, Promoção da Saúde e Lazer; Universidade Federal do Paraná (UFPR), com o nome Gestão do Desporto e do Lazer; e Universidade de São Paulo, com o nome de Lazer e Turismo. Há ainda um interessante curso, denominado Turismo e Lazer, oferecido pela Universidade Regional de Blumenau.

Há também os cursos que formam tecnólogos, vinte em instituições privadas e dois em instituições públicas. Encontramos ainda outra categoria, a de curso sequencial. Nesse caso, o Ministério de Educação (MEC) indica um único curso: Esporte na Contemporaneidade, do Lazer ao Rendimento, oferecido pela Universidade do Rio Vale dos Sinos.

Pós-graduação

O assunto tem sido abordado em programas de mestrado e doutorado das mais diversas áreas (Educação Física, Psicologia, Antropologia, Comunicação, Educação, Ciências Sociais e Turismo, entre outras).

De 2002 para cá, a novidade não é só o aumento do número de dissertações e teses nesses programas, mas o surgimento do primeiro programa especificamente dedicado ao tema, na Universidade Federal de Minas Gerais (UFMG).

No caso dos cursos de pós-graduação *lato sensu* (especialização), encontramos quadro semelhante ao da graduação. O tema é tratado em muitos cursos das áreas de Educação Física e Turismo, entre outras. Alguns até contemplam a temática com disciplinas próprias ou com estímulo à produção de monografias. Contudo, existem poucos cursos completamente dedicados à formação do profissional de lazer. Dentre esses, destaca-se o curso de Especialização em Lazer promovido pelo Centro de Estudos de Lazer da Escola de Educação Física da UFMG, um dos poucos a ser oferecido com regularidade. Por lá passaram muitos dos profissionais que, hoje, atuam como animadores culturais, professores universitários e pesquisadores na área.

De forma irregular, e sem pretensão de esgotar as possibilidades, verificamos que, em diversas universidades, foram oferecidos, nos últimos anos, cursos *lato sensu* que têm a temática do lazer como foco principal. Deixamos aqui como exemplos: Unicamp, Universidade Estadual de Londrina (UEL), Pontifícia Universidade Católica do Paraná (PUCPR), Universidade Norte do Paraná (Unopar), Universidade Estadual do Ceará (Uece) – Campus do Itaperi – e Universidade Gama Filho (UGF), entre outros.

Uma das áreas afetas ao lazer na qual vem crescendo a oferta de cursos de especialização é a de Produção e Marketing Cultural. No Rio de Janeiro, por exemplo, esses cursos (tanto como cursos livres e/ou sequenciais) são, eventualmente, oferecidos pela Universidade Cândido Mendes. Existem também os cursos de especialização no formato MBA, cujo objetivo pronunciado é a formação do administrador e do gestor de negócios. Destacamos a atuação da Fundação Getulio Vargas (FGV).

PERIÓDICOS

O assunto lazer é abordado e discutido em artigos publicados nos mais diferentes periódicos, das mais diversas áreas de conhecimento. Nosso intuito é apresentar os periódicos mais específicos, aqueles que mais direta ou exclusivamente dedicam-se ao tema.

The World Leisure Journal

É o periódico editado pela WRLA. Para membros da associação, o acesso pode ser *on-line.*

Loisir et Société

É um dos periódicos internacionais mais respeitados e procurados. É publicado no Canadá, em francês e inglês.

Licere

É o único periódico específico publicado no Brasil, editado pelo Centro de Estudos do Lazer/EEF/UFMG. Publicado regularmente, possui diversas seções temáticas e pode ser acessado online.

EVENTOS CIENTÍFICOS

Da mesma forma que acontece com os periódicos, discussões relacionadas com lazer têm lugar em muitos eventos, realizados no Brasil e no mundo, ligados às mais diferentes áreas de conhecimento. Apresentaremos os mais específicos e diretamente associados à temática.

Encontro Nacional de Recreação e Lazer (Enarel)

A despeito dos desníveis de qualidade entre as muitas edições já realizadas, é um dos congressos específicos mais importantes. É de periodicidade anual e já teve 23 edições (até 2011).

Seminário Lazer em Debate

Congresso organizado pelo Centro de Estudos do Lazer (Celar) da UFMG, já está na 12ª edicão (2011). O evento vem se destacando por trazer à discussão novas temáticas, novas abordagens e convidados oriundos das mais diferentes áreas de conhecimento. É de periodicidade anual.

Congresso Brasileiro de Ciências do Esporte (Conbrace)

Evento bienal que já conta com dezessete edições, uma promoção do CBCE. Desde 1997, contempla discussões sobre o lazer no âmbito das atividades do Grupo de Trabalho Temático específico para lazer, além de incorporar com frequência temáticas exclusivas nas suas palestras e conferências.

Congresso Brasileiro de Turismo

Mesmo não sendo um evento específico, muitas são as discussões relacionadas ao lazer. Mais informações podem ser obtidas no endereço eletrônico da Associação Brasileira de Bacharéis de Turismo (www.abbtur.com.br).

BIBLIOGRAFIA

BECKSON, Karl. O melhor de Oscar Wilde. Rio de Janeiro, Garamond, 2000.

BERNET, Jaume Trilla. Animación sociocultural: teorías, programas y ámbitos. Barcelona, Ariel, 1997, p. 41-60.

BRUHNS, Heloisa Turini (org.). Temas sobre o lazer. Campinas, Autores Associados, 2002.

_____ & GUTIERREZ, Gustavo Luís (orgs.). O corpo e o lúdico. Campinas, Autores Associados, 2000.

CAMARGO, Luiz Octávio de Lima. O que é lazer. São Paulo, Brasiliense, 1989.

DUMAZEDIER, Joffre. Lazer e cultura popular. São Paulo, Perspectiva, 1974.

_____. Sociologia empírica do lazer. São Paulo, Perspectiva, 1974.

_____. Valores e conteúdos culturais do lazer. São Paulo, SESC, 1980.

ELLSWORTH, Elizabeth. "Modos de endereçamento: uma coisa de cinema; uma coisa de educação também". In: SILVA, Tomaz Tadeu da (org.). Nunca fomos humanos. Belo Horizonte, Autêntica, 2001, p. 7-76.

GOMEZ, José Antonio. "Paradigmas teoricos en la animación sociocultural." In: BERNET, Jaume Trilla. Animación Sociocultural. Barcelona, Ariel, 1997

HAUG, Wolfgang Fritz. Crítica da estética da mercadoria. São Paulo, Ed. da Unesp, 1997.

JIMENEZ, Marc. O que é estética? São Leopoldo, Ed. da Unisinos, 1999.

LÁZARO, André. "Funções do Estado na cultura". In: ALMEIDA, Cândido José Mendes de et al. (orgs.). Cultura brasileira ao vivo: cultura e dicotomia. Rio de Janeiro, Imago, 2001, p. 13-8.

LICERE. Periódico publicado pelo Centro de Estudos de Lazer/EEF/UFMG. Belo Horizonte, v. 1-4, n. 1, 1999-2001.

MAGNANI, José Guilherme Cantor. Festa no pedaço: cultura popular e lazer na cidade. São Paulo, Hucitec/Ed. da Unesp, 1998.

MARCELLINO, Nélson Carvalho. Lazer e humanização. Campinas, Papirus, 1983.

_____. Lazer e educação. Campinas, Papirus, 1987.

_____. "O lazer, sua especificidade e seu caráter interdisciplinar". In: Revista Brasileira de Ciências do Esporte, Campinas, v. 12, n. 1,2,3, p. 313-9, 1992.

MELO, Victor Andrade de. "Lazer e camadas populares: reflexões a partir da obra de Edward Palmer Thompson". In: Movimento, Porto Alegre, ano VII, n. 14, p. 9-19, 2001/1.

_____. "Enfoques culturais na formação do profissional de lazer". In: ENCONTRO NACIONAL DE RECREAÇÃO E LAZER, 12, Coletânea, 2000, Camboriú, p. 72-4.

_____. "Educação estética e animação cultural: reflexões". In: Licere, Belo Horizonte, v. 5, n. 1, 2002.

_____. "Lazer e educação física: problemas historicamente construídos, saídas possíveis: um enfoque na formação profissional". In: WERNECK, Christianne & ISAYAMA, Hélder Ferreira. Lazer e educação física. Belo Horizonte, Autêntica (no prelo).

_____. & FONSECA, Ingrid Ferreira. "El profesor de educación física y su actuación en el área del tiempo libre: relaciones históricas y problemas contemporáneos". In: Nexo, Montevidéu, n. 171, jun/1997.

MUNNÉ, Frederic. Psicosociología del tiempo libre: un enfoque crítico. México, Trillas, 1980.

ONFRAY, Michel. A política do rebelde: tratado de resistência e insubmissão. Rio de Janeiro, Rocco, 2001.

PARKER, Stanley. A sociologia do lazer. Rio de Janeiro, Zahar, 1978.

SANTOS, Milton. "Da cultura à indústria cultural". Folha de S. Paulo, São Paulo, Caderno Mais, 19/03/2000, p. 18.

SCHILLER, Friedrich von. A educação estética do homem. São Paulo, Iluminuras, 1995.

VÁZQUEZ, Adolfo Sánchez. Convite à estética. Rio de Janeiro, Civilização Brasileira, 1999.

WERNECK, Christianne. Lazer, trabalho e educação. Belo Horizonte, CELAR/Ed. da UFMG, 2000.

_____. STOPPA, Edmur Antonio, & ISAYAMA, Hélder Ferreira. Lazer e mercado. Campinas, Papirus, 2001.

WILDE, Oscar. A alma do homem sob o socialismo. São Paulo, L&PM Editores, 1996.

ÍNDICE REMISSIVO

A

Arte 42
Associações 92

B

Burguesia 7

C

Cidade 47
Classe operária 7
Concepção burguesa 12
Concepção marxista 12
Controle 8
Cultura 25
Cultura de massa 56
Cultura erudita 54
Cultura popular 27, 58
Cursos de formação 94

D

Domínio de conteúdos 77

E

Educação Física 17
Educação para o lazer 53
Educação pelo lazer 53
Elites 10
Equipamentos culturais 48
Escola 17

Esporte 9
Estética 43

F

Formação profissional 11
Frederic Munné 11
Frederico Gaelzer 14

G

Grécia 2
Grupos de pesquisa 85

I

Idade Média 5
Indústria cultural 19
Indústria do entretenimento 18
Interesses artísticos 42
Interesses físicos 40
Interesses intelectuais 45
Interesses manuais 44
Intervenção pedagógica 66

J

Joffre Dumazedier 37

M

Modernidade 6
Modo de endereçamento 66

N

Nicanor Miranda 14

O

Otium 4

P

Paradigma dialético 62
Paradigma interpretativo 60, 61
Paradigma tecnológico 59
Periódicos 96
Políticas públicas 18
Postura profissional 76
Prazer 33
Produtivização do lazer 37
Profissional de lazer 30

Pseudoludicidade do trabalho 38

R

Recreação 15
Roma 4

S

Serviço de Recreação Operária 14
Síndrome do Lazer 38
Skholé 3

T

Tempo livre 3

U

Universidades 18